PRÉFECTURE DE LA CORSE.

RECUEIL DES ACTES ADMINISTRATIFS.

CHEMINS VICINAUX

RÈGLEMENT GÉNÉRAL.

BASTIA,

DE L'IMPRIMERIE FABIANI.

1866.

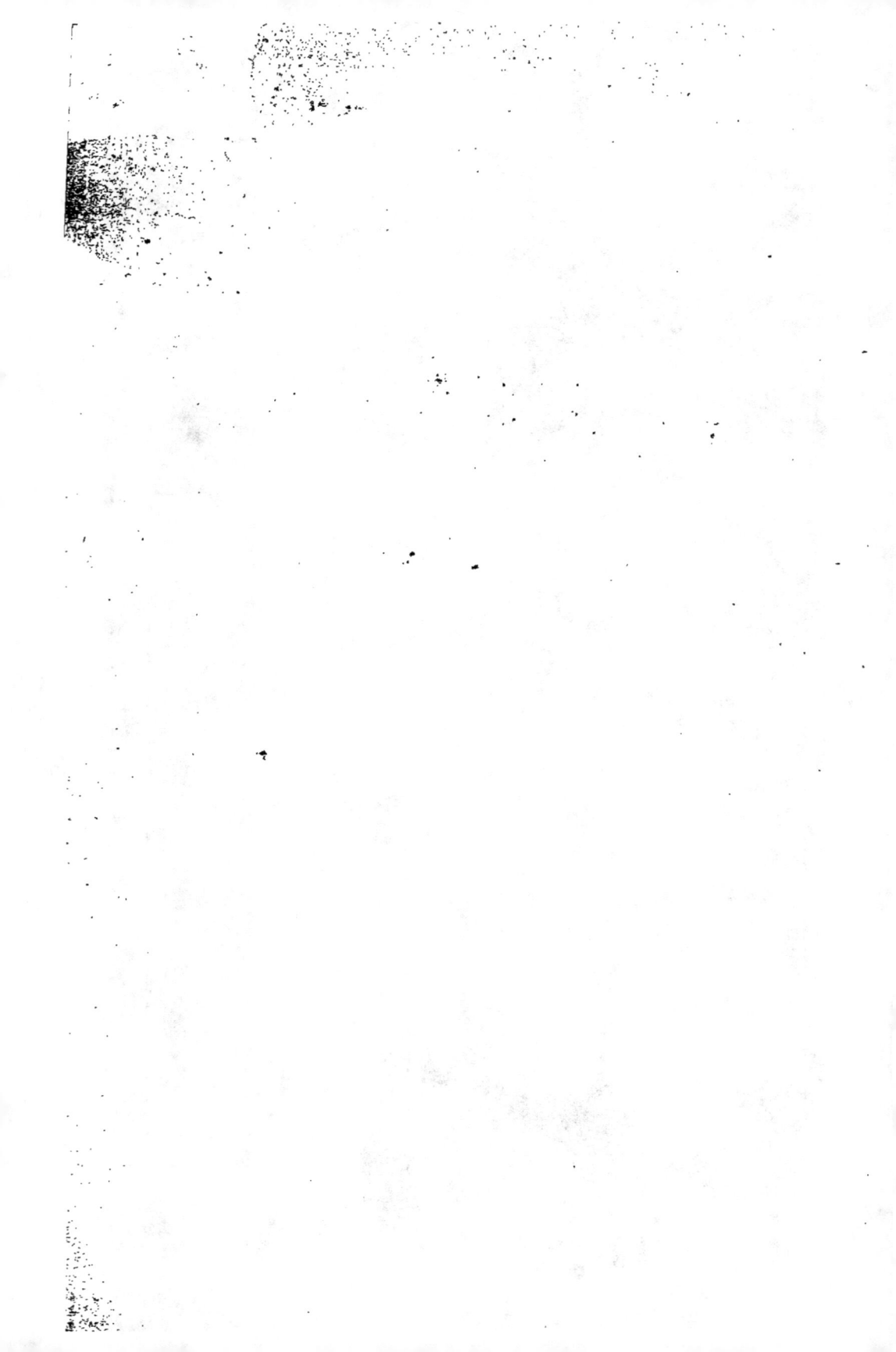

PRÉFECTURE DE LA CORSE.

RECUEIL DES ACTES ADMINISTRATIFS.

Chemins vicinaux. — Règlement général.

Nous, Préfet du département de la Corse, chevalier de l'ordre impérial de la Légion-d'Honneur, commandeur de l'ordre de saint Grégoire-le-Grand,

Vu la loi du 21 mai 1836, et notamment l'article 21, qui charge chaque préfet de faire un règlement pour assurer l'exécution de cette loi ;

Vu l'instruction ministérielle du 24 juin 1836, et les diverses circulaires postérieures concernant l'exécution de ladite loi ;

Vu les lois des 9 ventôse an XIII, 28 juillet 1824, et l'arrêté du gouvernement du 23 messidor an V ;

Vu la loi du 3 mai 1841, sur l'expropriation pour cause d'utilité publique ;

Vu les lois et règlements concernant la rédaction et le recouvrement des rôles des contributions publiques ;

Vu l'ordonnance royale du 23 avril 1823, relative à la comptabilité des communes, et celles des 1er mars 1835 et 24 janvier 1843, sur la cloture de l'exercice ;

Vu le titre II de la loi des 16-24 août 1790, et le titre Ier de celle des 19-22 juillet 1791,

Avons arrêté et arrêtons ce qui suit :

TITRE Ier. — DISPOSITIONS RELATIVES A L'ASSIETTE DES CHEMINS.

CHAPITRE Ier. — *Maintien des classements effectués.*

Art. Ier. Le classement actuel des chemins vicinaux est maintenu dans les communes où cette opération a été régulièrement opérée. La révision pourra en être ordonnée par nous, s'il y a lieu.

CHAPITRE II. — *Fixation de la largeur des chemins.*

SECTION Iʳᵉ.

Art. 2. Le maximum de largeur des chemins vicinaux ordinaires est fixé à 4 mètres. Le maximum de largeur des chemins vicinaux de grande communication est fixé à 6 mètres.

Toutefois, ceux de ces chemins qui auraient actuellement une largeur plus considérable, la conserveront jusqu'à ce qu'il en soit autrement ordonné.

Art. 3. Ne sont pas compris dans le maximum fixé par l'art. 2, les fossés, parapets, banquettes, murs de soutènement, talus de remblai ou de déblai, et autres ouvrages accessoires qu'il pourra être nécessaire d'établir en dehors de la voie livrée à la circulation, et dont nous déterminerons les dimensions suivant les besoins.

Ces ouvrages font partie intégrante du sol du chemin vicinal auquel ils se rattachent.

Art. 4. Dans le cas où, pour satisfaire les besoins de la circulation, ou pour faciliter l'entrée des villes, bourgs et villages, il y aurait nécessité de dépasser les limites du maximum fixé par l'article 2, l'excédant de largeur qu'il conviendra de donner au chemin sera déterminé par nous, sur la proposition de l'agent-voyer, après délibération du conseil municipal, et sur l'avis du maire et du sous-préfet.

SECTION II. — *Règlement des indemnités.*

Art. 5. Conformément à l'article 15 de la loi du 21 mai 1836, l'arrêté qui fixe la largeur d'un chemin vicinal opère au profit de la commune la dépossession du propriétaire dont les terrains doivent servir à l'élargissement du chemin. Cet arrêté devra être notifié au propriétaire au moins huit jours avant l'occupation des terrains. A l'expiration de ce délai, la portion du sol nécessaire à l'élargissement sera immédiatement incorporée à la voie publique.

Toutefois, si cette portion était occupée par des constructions ou des plantations, il pourra être sursis à l'élargissement jusqu'à la destruction par vétusté desdites constructions ou plantations.

Art. 6. Si le propriétaire ne consent pas à faire à la commune l'abandon gratuit de la parcelle de terrain à réunir au chemin, le maire traitera avec lui du montant de l'indemnité à accorder. S'il y a accord, les conditions de la cession, constatées par écrit et signées par le maire et le propriétaire, seront soumises à l'acceptation du conseil municipal, et elles seront, s'il y a lieu, approuvées par nous, en conseil de préfecture, par application de l'article 10 de la loi du 28 juillet 1824.

Art. 7. Si l'indemnité ne peut être réglée à l'amiable, le juge de paix sera appelé à la fixer, en exécution de l'article 15 de la loi du 21 mai 1836. A cet effet, et conformément à l'article 51 de la loi du 18 juillet 1837, le propriétaire dépossédé devra nous adresser un mémoire exposant les motifs de sa réclamation.

Si l'autorisation de défendre à l'action intentée à la commune lui est refusée, elle devra payer l'indemnité réclamée par le propriétaire.

Dans le cas, au contraire, où ladite autorisation serait accordée, le propriétaire nommera un expert et mettra la commune en demeure de désigner le sien. Si la commune se refusait à faire cette nomination, son expert sera désigné d'office par le juge de paix. Les deux experts, après avoir prêté serment, se réuniront pour faire leur rapport sur le montant de l'indemnité due. En cas de désaccord, il sera procédé à la nomination d'un tiers expert par le juge de paix, à la requête de la partie la plus diligente.

Art. 8. L'indemnité, fixée à l'amiable ou par le juge de paix, est à la charge de la commune.

Le montant de cette indemnité, dont le paiement n'est pas exigible avant l'occupation du sol, sera prélevé sur les premiers fonds disponibles.

Il pourra être précompté à la commune sur le contingent qu'elle doit fournir, s'il s'agit d'un chemin vicinal de grande communication.

Chapitre III. — *Abornement des chemins.*

Art. 9. Dans toutes les communes du département il sera procédé au bornage des chemins vicinaux, soit de petite, soit de grande communication.

Art. 10. Le bornage des chemins vicinaux doit être opéré contradictoirement entre le maire de la commune et les propriétaires des terrains situés sur les deux rives.

Le maire sera assisté de deux membres du conseil municipal choisis par lui, et, autant que possible, d'un agent-voyer; la présence de l'agent-voyer sera indispensable lorsqu'il s'agira du bornage d'un chemin de grande communication.

Art. 11. Lorsqu'il y aura lieu de procéder au bornage des chemins vicinaux, le maire donnera avis aux propriétaires riverains du jour où cette opération devra se faire, et les invitera à se trouver sur les lieux. Si ces propriétaires ne se rendent pas à cette invitation, il sera, néanmoins, passé outre à l'opération.

Art. 12. Dans toutes les parties du chemin qui auront déjà la largeur fixée par l'arrêté préfectoral, tant pour la voie livrée à la circulation que pour les fossés et ouvrages accessoires, il sera, de distance en distance, et à 300 mètres au plus, placé des bornes aux points de rencontre du sol appartenant au chemin et des propriétés particulières.

Art. 13. Les bornes seront, autant que possible, en pierres dures, de 30 centimètres de côté, et saillants hors de terre de 40 centimètres au moins. Elles seront placées vis-à-vis l'une de l'autre, toutes les fois que le chemin aura sa largeur légale.

Art. 14. Dans les parties du chemin qui auront une largeur plus grande que celle fixée par l'arrêté, cet excédant de largeur devant être conservé jusqu'à ce qu'il en soit autrement ordonné, les bornes seront placées à l'extrême limite du sol dépendant du chemin.

Art. 15. Dans les parties du chemin qui n'auront pas encore la largeur légale, cette largeur sera donnée, autant que possible, au moment de l'abornement, et il sera procédé à cet effet, comme il est dit au chapitre ci-dessus relatif à l'élargissement des chemins.

Si la largeur légale ne peut être actuellement donnée au chemin, il ne devra pas être placé de bornes sur les côtés de la voie publique. Pour y suppléer, il sera placé, au milieu du chemin, de distance en distance, et à 300 mètres au plus, des bornes en pierres brutes, qui seront arasées au-dessous du sol du chemin de manière à ne pas gêner la circulation.

Ces bornes médiaires seront entourées, au pied, de tuileaux, fragments de briques ou de charbon, destinés à leur servir de témoins.

Les bornes médiaires serviront de points de repères, soit lorsque arrivera le moment de donner au chemin vicinal sa largeur légale, soit lorsqu'il y aura lieu de rechercher les usurpations qui auraient été commises depuis le placement de ces bornes.

Art. 16. Il sera dressé un procès-verbal détaillé du bornage des chemins; dans ce procès-verbal seront spécialement indiqués : 1° tous les points où les bornes, soit apparentes, soit médiaires, auront été placées; 2° la distance entre ces points et les indications de repère nécessaires pour les retrouver; 3° la largeur actuelle du chemin, tant aux points abornés qu'aux endroits où il n'a pas encore la largeur légale; 4° les noms des propriétaires riverains des endroits où le chemin n'a pas encore sa largeur légale; 5° les lieux où le chemin a plus que la largeur légale; 6° enfin, les autres renseignements et les observations qu'il pourrait être utile de constater, dans l'intérêt de la commune.

Art. 17. Les procès-verbaux de bornage seront signés par le maire, par les conseillers municipaux présents à l'opération, par les propriétaires riverains qui y auront assisté, ainsi que par l'agent-voyer qui y aura concouru. Si quelques propriétaires riverains s'étaient abstenus d'assister au bornage, mention en serait faite au procès-verbal; on y consignerait également les observations de ceux qui, étant présents, refuseraient de signer.

Art. 18. Les procès-verbaux de bornage seront dressés en double expédition pour les chemins vicinaux de petite communication, et en triple expédition pour les chemins de grande communication; ils seront aussitôt adressés au sous-préfet, qui nous les transmettra avec son avis, pour être approuvés par nous, s'il y a lieu.

Après cette approbation, une des expéditions sera déposée dans les archives de la commune; une autre, aux archives de la sous-préfecture, enfin la troisième expédition, pour les chemins vicinaux de grande communication, restera déposée à la préfecture.

Art. 19. Les frais auxquels donnerait lieu l'opération du bornage seront imputés sur les ressources affectées au service des chemins vicinaux, soit de petite, soit de grande communication, selon la catégorie à laquelle appartiendra le chemin aborné.

Art. 20. Dans toutes les communes où les ressources le permettront, il sera dressé aussitôt après le bornage des chemins vicinaux, un plan sur lequel seront tracés tous ces chemins, de manière à pouvoir toujours reconnaître les anticipations qui seraient faites par la suite. Des instructions ultérieures régleront la forme et l'échelle de ces plans.

Chapitre IV. — Classement des chemins.

Art. 21. Lorsque les besoins de la circulation exigeront qu'un chemin existant soit déclaré vicinal, la demande pourra en être faite, soit par le maire de la commune sur le territoire de laquelle le chemin est situé, soit par les maires des communes limitrophes aux communications desquelles ce chemin serait nécessaire, soit, enfin, par tout propriétaire qui aurait intérêt à ce que le chemin fût déclaré vicinal.

Art. 22. Sur le vu de cette demande, un agent-voyer sera chargé de reconnaître, conjointement avec le maire de la commune, le chemin dont le classement comme chemin vicinal est demandé. Il sera dressé de cette reconnaissance un procès-verbal contenant tous les renseignements nécessaires pour faire apprécier le degré d'utilité du chemin.

Art. 23. Le procès-verbal de reconnaissance prescrit par l'article précédent sera déposé à la mairie pendant un mois, et avis de ce dépôt sera donné aux habitants, par voie de publication et affiches, en la forme ordinaire, pour qu'ils puissent présenter leurs réclamations ou observations, s'il y a lieu.

Art. 24. À l'expiration du délai de dépôt, le maire, après s'y être fait autoriser, réunira le conseil municipal et l'appellera à délibérer sur la proposition de classement du chemin au nombre des chemins vicinaux de la commune. A cet effet, il mettra sous les yeux du conseil municipal, tant le procès-verbal de reconnaissance du chemin, que les réclamations et observations auxquelles le projet de classement aurait donné lieu.

Art. 25. Le conseil municipal délibérera tant sur le projet de classement que sur la largeur à donner au chemin et sur les réclamations mises sous ses yeux.

Dans le cas où la propriété du sol du chemin à classer serait revendiquée par des tiers, le conseil donnera ses observations et son avis.

Il fera connaître, en outre, les ressources au moyen desquelles l'indemnité serait payée, si les prétentions des tiers étaient reconnues fondées.

Art. 26. Sur le vu de la délibération du conseil municipal et des autres pièces à l'appui, il sera par nous statué sur le classement, abstraction faite de toute question de propriété et tous droits des tiers réservés.

Art. 27. Dans le cas où des indemnités représentant la valeur du sol devraient être payées à des tiers, elles seront réglées comme en matière d'élargissement, conformément aux articles 6, 7 et 8.

Chapitre V. *Déclassement des chemins.*

Art. 28. Lorsqu'un chemin compris au tableau des chemins vicinaux d'une commune paraîtra n'être plus utile aux communications, ou, au moins, n'être plus d'un intérêt assez général pour que son entretien reste à la charge de la commune, le déclassement pourra en être demandé par le maire.

Art. 29. S'il nous paraît devoir être donné suite à la demande de déclassement, cette demande sera renvoyée au maire, pour être déposée, pendant un mois, à la mairie de la commune; avis de ce dépôt sera donné aux habitants, par voie de publication et affiches, en la forme ordinaire.

Des copies de la demande de déclassement seront transmises aux maires des communes voisines qui pourraient être intéressées à ce que le chemin fût conservé à la circulation; dépôt en sera également fait aux mairies de ces communes, pendant un mois, et les habitants en seront prévenus, par publication et affiches.

Art. 30. A l'expiration du mois de dépôt, les conseils municipaux, tant de la commune sur le territoire de laquelle le chemin est situé, que des communes voisines, seront appelées à délibérer sur la question de savoir s'il y a lieu ou non de rayer ce chemin du tableau des chemins vicinaux.

Le conseil municipal de la commune sur le territoire de laquelle le chemin est situé, devra exprimer, dans sa délibération, s'il est d'avis que le chemin soit conservé à la circulation comme chemin rural, ou bien s'il doit être supprimé pour le sol en être vendu au profit de la commune.

Art. 31. Les délibérations des conseils municipaux nous seront immédiatement transmises avec l'avis du sous-préfet et de l'agent-voyer.

Si toutes les délibérations ne sont pas favorables au déclassement d'un chemin, il pourra être ouvert une enquête dans les différentes communes, afin de pouvoir mieux apprécier les véritables intérêts des localités.

Art. 32. Sur le vu des délibérations et autres documents ci-dessus indiqués, et s'il nous paraît y avoir lieu au déclassement du chemin, un arrêté pris par nous déclarera que ce chemin cesse de faire partie des chemins vicinaux de la commune.

Ce même arrêté déterminera si le chemin doit être conservé à la circulation, ou s'il doit être supprimé, pour le sol en être vendu au profit de la commune.

Art. 33. Expédition de notre arrêté sera adressée au maire de la commune sur le territoire de laquelle le chemin est situé, pour être publié et annexé au tableau des chemins vicinaux.

Avis en sera donné aux maires des communes dont les conseils municipaux avaient été appelés à délibérer sur le déclassement.

Chapitre VI. — *Aliénation des portions de chemins inutiles.*

Art. 34. Lorsque, après l'accomplissement des formalités prescrites par les articles 28 à 33 ci-dessus, la suppression d'un chemin aura été prononcée par nous, et si le conseil municipal de la commune sur le territoire de laquelle ce chemin est situé a voté l'aliénation du sol, cette aliénation pourra être autorisée par nous, en conseil de préfecture.

Art. 35. Lorsque l'aliénation du sol d'un chemin aura été autorisée, le maire de la commune en préviendra par écrit, et individuellement, chacun des propriétaires riverains du chemin. Cet avis contiendra l'invitation de déclarer, dans le délai de quinzaine, s'ils entendent user du bénéfice de l'article 19 de la loi du 21 mai 1836, et se rendre acquéreurs du sol en en payant la valeur à dire d'expert.

La notification de l'avis ci-dessus sera faite par le garde-champêtre ou tout autre agent de la commune, qui devra en tirer reçu ou rédiger procès-verbal de la remise.

Art. 36. Si les propriétaires riverains du chemin font, dans la quinzaine de la notification, leur soumission de se rendre acquéreurs du sol, ils devront en même temps nommer leur expert, conformément à l'article 17 de la loi du 21 mai 1836, le second expert sera nommé par le sous-préfet.

Les deux experts, après avoir prêté serment, procéderont à l'évaluation du sol. En cas de discord entre eux, il nous en sera référé, et nous provoquerons la nomination d'un tiers expert par le conseil de préfecture.

L'expertise sera soumise à notre homologation.

Art. 37. Si les propriétés situées sur les deux rives du chemin appartiennent au même propriétaire, c'est à lui seul qu'appartiendra le droit de soumissionner le sol du chemin.

Si les propriétés situées sur les deux rives du chemin appartiennent à des propriétaires différents, et que l'un d'eux, seulement, fasse sa soumission de se rendre acquéreur, c'est en faveur de ce propriétaire que se fera la concession de la totalité du sol du chemin.

Si les deux propriétaires riverains font, tous deux, leur soumission de se rendre acquéreurs, le sol sera concédé à chacun d'eux jusqu'au milieu du chemin.

Art. 38. Dans le cas où les propriétaires riverains d'un chemin supprimé déclareraient renoncer au bénéfice de l'article 19 de la loi du 21 mai 1836, ou bien s'ils n'avaient pas fait leur soumission dans le délai prescrit par l'article 36 ci-dessus, le sol du chemin pourra être aliéné, dans les formes prescrites pour la vente des terrains communaux.

Art. 39. Lorsqu'un chemin vicinal aura une largeur plus grande que celle fixée par nos arrêtés, et que le conseil municipal aura voté l'aliénation du sol qui excède la largeur légale, il sera procédé ainsi qu'il est dit aux articles 34 à 36 ci-dessus.

Art. 40. Le prix des terrains aliénés en exécution des dispositions du présent chapitre sera versé à la caisse municipale à titre de recette accidentelle.

CHAPITRE VII. — *Ouverture et redressement de chemin.*

SECTION Iʳᵉ. — *Formalités préliminaires.*

Art. 41. Lorsque l'administration aura reconnu la nécessité d'ouvrir un nouveau chemin sur le territoire d'une ou de plusieurs communes, ou de redresser un chemin existant, il sera procédé à une enquête, conformément à l'ordonnance du 23 août 1835, et les conseils municipaux seront appelés à délibérer tant sur l'utilité du chemin que sur les réclamations consignées au procès-verbal d'enquête.

Les pièces de cette affaire nous seront ensuite transmises par le sous-préfet, qui y joindra son avis, ainsi que celui de l'agent-voyer.

Art. 42. Sur le vu des délibérations et avis ci-dessus, un arrêté rendu par nous, s'il y a lieu, conformément à l'article 16 de la loi du 21 mai 1836, déclarera l'utilité publique et autorisera l'ouverture du chemin.

Art. 43. Cet arrêté sera publié dans la commune ou les communes sur le territoire desquelles le nouveau chemin doit être ouvert, et, aussitôt après, il sera procédé à l'accomplissement des formalités prescrites par les articles 4, 5, 6 et 7 de la loi du 3 mai 1841.

Art. 44. Sur le vu des différentes pièces de l'instruction à laquelle il aura été procédé, nous déterminerons, par un arrêté pris en conseil de préfecture, les propriétés qui doivent être cédées, et nous indiquerons l'époque à laquelle il sera nécessaire d'en prendre possession.

Cet arrêté sera soumis à l'approbation de Son Exc. le ministre de l'intérieur, conformément à l'article 11 de la loi du 3 mai 1841.

SECTION II. — *Acquisition des terrains, soit à l'amiable, soit par voie d'expropriation.*

Art. 45. Après l'accomplissement des formalités prescrites par les articles 41 à 44 ci-dessus, et si les propriétaires des terrains à occuper ne consentent pas à en faire l'abandon gratuit à la commune, il sera procédé, autant que possible, à l'acquisition à l'amiable de ces terrains.

A cet effet, le maire de la commune débattra, avec les propriétaires intéressés, les conditions de l'acquisition; ces conditions seront soumises à la délibération du conseil municipal, et, si elles nous paraissent de nature à être acceptées, l'acquisition sera autorisée par nous en conseil de préfecture.

Art. 46. Lorsque l'acquisition à l'amiable aura été ainsi autorisée, l'acte d'acquisition en sera passé par le maire, dans la forme des actes administratifs.

Ces actes et tous ceux qui seront faits pour arriver à l'acquisition seront présentés au visa pour timbre et à l'enregistrement, ainsi qu'il est prescrit par l'article 58 de la loi du 3 mai 1841.

Art. 47. Si l'acquisition des terrains à occuper ne peut avoir lieu à l'amiable, soit parce que les propriétaires refuseraient de consentir à l'occupation, soit parce qu'il n'aurait pas pu y avoir accord sur le prix de ces terrains, il y aura lieu de recourir à l'expropriation.

A cet effet, et en conformité de l'article 13 de la loi du 3 mai 1841, nous transmettrons au procureur impérial de l'arrondissement toutes les pièces constatant l'accomplissement des formalités prescrites, pour qu'il soit procédé, conformément aux titres III, IV et V de ladite loi, sauf les modifications qui y sont apportées par l'article 16 de celle du 21 mai 1836.

Toutefois, les propriétaires pourront consentir à la cession, sauf règlement ultérieur de l'indemnité par le jury, conformément au § 5 de l'article 14 de la loi du 3 mai 1841.

Art. 48. Le montant des indemnités dues est à la charge des communes sur le territoire desquelles les travaux d'ouverture ou de redressement ont été opérés.

Il pourra être précompté aux communes, sur les contingents qui leur sont assignés, lorsqu'il s'agira d'un chemin vicinal de grande communication.

TITRE II. — CRÉATION DES RESSOURCES.

CHAPITRE Ier.

SECTION 1re. — *Ressources communales.*

§ 1er. — Délibération des conseils municipaux.

Art. 49. Tous les ans, du 1er au 15 avril, il sera fait, par le maire ou par l'agent-voyer, une appréciation sommaire des dépenses à faire sur les chemins vicinaux de la commune.

Cette appréciation sera mise, dans la session de mai, sous les yeux du conseil municipal.

Le maire fera également connaître à cette assemblée le montant des contingents qui lui sont demandés pour les chemins vicinaux de grande communication auxquels la commune a été déclarée intéressée.

Art. 50. Le conseil municipal délibérera sur les documents qui lui auront été communiqués en vertu de l'article précédent.

En ce qui concerne les chemins vicinaux de petite communication, il déterminera ceux de ces chemins qui devront être réparés, ainsi que la nature des travaux à y faire. Il recherchera ensuite les moyens de pourvoir, tant à cette dépense qu'à celle résultant du contingent assigné à la commune, s'il y a lieu, dans le service des chemins vicinaux de grande communication.

Ces délibérations ne seront exécutoires que sur notre approbation.

§ 2. — Allocations sur les revenus communaux.

Art. 51. Dans le cas où les revenus ordinaires de la commune seraient suffisants pour pourvoir, en tout ou en partie, aux besoins du service vicinal, le conseil municipal affectera à ces besoins la portion de ces revenus que d'autres dépenses plus urgentes ne réclameraient pas.

§ 3. — Insuffisance des revenus ordinaires.

Art. 52. Dans le cas où aucune portion des revenus ordinaires de la commune ne pourrait être affectée au service des chemins vicinaux, ou bien si les prélèvements qui pourraient être faits sur ces revenus ne pouvaient suffire aux besoins de ce service, le conseil municipal examinera comment il peut y être suppléé, et votera, soit des prestations en nature jusqu'au maximum de trois journées, soit des centimes spéciaux jusqu'au maximum de cinq, soit enfin l'une et l'autre de ces deux ressources concurremment.

§ 4. — Vote de la prestation en nature.

Art. 53. Si, en cas d'insuffisance des ressources ordinaires de la commune, le conseil municipal reconnaît la nécessité de recourir à l'emploi de la prestation en nature, il votera, sans adjonction des plus imposés, des journées de prestation en nature, qui ne pourront dépasser le nombre de trois. Cette délibération sera prise pendant la session du mois de mai.

Il ne sera pas voté de fractions de journée, et il ne pourra être voté qu'un nombre égal de journées sur chaque nature d'objets imposables aux termes de la loi.

Art. 54. Les délibérations prises, en conformité de l'article précédent, seront par nous, s'il y a lieu, rendues exécutoires, et transmises au directeur des contributions directes, pour la rédaction des rôles.

Art. 55. Dans la session de mai, les conseils municipaux seront également appelés à fixer les bases et évaluations d'un tarif de conversion en tâches des prestations en nature votées, ou à réviser le tarif précédemment adopté, ainsi que le veut le troisième paragraphe de l'article 4 de la loi du 21 mai 1836.

Ce tarif sera rédigé de manière que chaque journée de bras,

d'animaux ou de voiture, soit représentée par une quantité déterminée de travail à exécuter ou de matériaux à extraire, à transporter, etc.

Le conseil municipal prendra pour base de ce tarif la valeur en argent des prestations, telle qu'elle aura été réglée par le conseil général, et le prix des différentes espèces de travaux ou de transports dans le pays.

Pour faciliter les opérations du conseil municipal, l'agent voyer d'arrondissement préparera, dans le courant d'avril et pour chaque commune de sa circonscription, un tarif de conversion qui sera communiqué au conseil par le maire.

Art. 56. La délibération du conseil municipal et le tarif arrêté par lui seront adressés au sous-préfet, qui y joindra son avis, et qui nous les transmettra pour être approuvés par nous, s'il y a lieu.

§ 5. — Assiette de la prestation.

Art. 57. Il sera rédigé, dans chaque commune du département, par le contrôleur des contributions directes, assisté du maire et des répartiteurs, un état matrice des contribuables soumis à la prestation.

Art. 58. En cas de refus du maire et des répartiteurs de prêter leur concours pour la rédaction de l'état matrice, le contrôleur, assisté du percepteur-receveur municipal, procédera à la formation de l'état matrice qui serait, dans ce cas, sur l'avis du directeur, soumis à notre approbation.

Art. 59. L'état matrice sera disposé de manière à pouvoir servir pendant trois ans; il sera révisé chaque année, à l'époque de la tournée ordinaire des contrôleurs; il sera soumis à notre approbation à chaque renouvellement intégral.

Art. 60. L'ordre des tournées des contrôleurs sera réglé par le directeur, qui nous le fera connaître. Les maires recevront, quelque temps à l'avance, avis du jour où les contrôleurs doivent se trouver dans leurs communes respectives, afin qu'ils puissent, en temps utile, convoquer les autres membres de la commission de répartition, et préparer les éléments du travail.

Art. 61. L'état matrice sera divisé en sections correspondant à celles du cadastre, ou aux anciens états de section, dans les communes qui ne sont pas encore cadastrées.

Les noms des contribuables y seront classés par ordre alphabétique. Un certain nombre d'articles sera laissé en blanc à la fin de chaque section, pour recevoir les additions qui deviendraient nécessaires, à l'époque de chaque révision annuelle.

Art. 62. L'état matrice présentera, dans chaque article : 1° les nom et prénoms de l'individu sur lequel la cote est assise; 2° le nombre des membres ou serviteurs de la famille qui donnent lieu à imposition; 3° le nombre des charrettes ou des voitures attelées et celui des bêtes de somme, de trait ou de selle, qui sont au service de la famille ou de l'établissement dans la commune.

Art. 63. Sont passibles de la prestation en nature, en exécution de l'article 3 de la loi du 21 mai 1836 :

1° Pour sa personne, tout habitant de la commune, qu'il soit célibataire ou marié, et quelle que soit sa profession, si, d'ailleurs il est porté au rôle des contributions directes, mâle, valide et âgé de 18 ans au moins et de 60 ans au plus;

2° Tout habitant de la commune, qu'il soit célibataire ou marié, s'il est porté au rôle des contributions directes, mâle, valide et âgé de 18 ans au moins et de 60 ans au plus, chef de famille ou d'établissement, à titre de propriétaire, de régisseur ou de colon partiaire. Dans ce cas, il doit la prestation pour sa personne d'abord; il la doit, en outre, pour chaque individu mâle, valide, âgé de 18 ans au moins et de 60 ans au plus, membre ou serviteur de la famille et résidant dans la commune; il la doit encore pour chaque bête de somme, de trait ou de selle, et pour chaque charrette ou voiture attelée, au service de la famille ou de l'établissement dans la commune;

3° Tout individu, même non porté nominativement aux rôles des contributions directes, même âgé de moins de 18 ans ou de plus de 60 ans, même invalide, même du sexe féminin, même, enfin, n'habitant pas la commune, si cet individu est chef d'une famille qui habite la commune, ou si, à titre de propriétaire, de régisseur, de fermier, ou de colon partiaire, il est chef d'une exploitation agricole ou d'un établissement situé dans la commune. Dans ce cas, toutefois, il ne doit pas la prestation pour sa personne, mais il la doit pour tout ce qui, personne ou chose, dans les limites de la loi, dépend de l'exploitation ou de l'établissement dont il est propriétaire ou qu'il gère à quelque titre que ce soit.

Art. 64. Le propriétaire qui a plusieurs résidences qu'il habite alternativement est passible de la prestation en nature dans la commune où il a son principal établissement ou qu'il habite le plus longtemps.

S'il a, dans chacune de ces résidences, un établissement permanent en domestiques, voitures, bêtes de somme, de trait ou de selle, il doit être imposé, dans chaque commune, dans les limites de la loi, pour ce qui lui appartient dans cette commune.

Si ses domestiques, ses animaux et ses voitures passent avec lui temporairement d'une résidence à une autre, il ne doit être imposé, pour ces moyens d'exploitation, que dans le lieu de son principal établissement.

Art. 65. Sont considérés comme serviteurs tous ceux qui ont dans la maison, des fonctions subordonnées à la volonté du maître, et qui reçoivent des gages ou un salaire annuel et permanent.

Sont considérés comme membres de la famille, les enfants qui habitent chez leur père, alors même qu'ils sont portés au rôle des contributions directes.

Art. 66. Ne sont pas considérés comme serviteurs, 1° les ouvriers qui travaillent à la journée ou à la tâche, ou qui ne sont employés que passagèrement pendant le temps de la moisson ou d'un travail temporaire ; 2° les employés, contre-maîtres, chefs d'atelier et maîtres ouvriers attachés à l'exploitation d'établissements industriels ; 3° les postillons titulaires des relais de poste.

Les individus compris dans ces différentes catégories doivent, s'il y a lieu, être imposés à la prestation en nature pour leur propre compte, dans la commune de leur domicile ou du domicile de leur famille.

Art. 67. Ne donnent pas lieu à l'imposition de la prestation en nature, 1° les bêtes de somme, de trait ou de selle que leur âge, ou toute autre cause, ne permet pas d'assujettir au travail; 2° celles qui sont destinées à la consommation, à la reproduction et celles qui ne sont possédées que comme objet de commerce, à moins que, nonobstant leur destination, leur possesseur n'en retire un travail; 3° les chevaux des relais de poste, mais seulement dans la limite du nombre fixé pour chaque relai par les règlements de l'administration des postes; 4° les chevaux des agents du gouvernement tenus, par les règlements émanés de leur administration, de posséder un cheval pour l'accomplissement de leur service.

Art. 68. Ne doivent être considérées comme attelées et, par conséquent, donner lieu à l'imposition de la prestation en nature, que les voitures dont le propriétaire possède d'une manière permanente le nombre de chevaux ou d'animaux de trait nécessaire pour qu'elles puissent être employées simultanément.

Art. 69. Les états-matrices seront, au fur et à mesure de leur confection ou de leur révision, transmis au directeur des contributions directes qui, après les avoir additionnés et récapitulés, procédera à la rédaction des rôles et des avertissements, pour toutes les communes qui auront voté des journées de prestation ou qui auront été imposées d'office, et dont la nomenclature lui sera donnée par nous avec indication du nombre de journées à imposer.

Art. 70. Les rôles présenteront, pour chaque article :

1° Le nombre de journées dues, tant pour la personne du chef de la famille ou de l'établissement que pour chacun des membres ou serviteurs de la famille; et, enfin, pour chacune des personnes attachées à l'établissement ;

2° Le nombre de journées dues pour les charrettes où les voitures attelées ;

3° Le nombre de journées dues pour les bêtes de somme, de trait ou de selle;

4° Le montant en argent, de la cote, d'après le tarif de conversion arrêté, pour chaque espèce de journées, par le conseil général du département.

2

Une colonne sera ménagée au rôle pour inscrire les déclarations d'option.

La date de la délibération du conseil municipal qui vote la prestation, ou de l'arrêté du préfet qui en ordonne l'imposition d'office, devra être indiquée en tête du rôle.

Art. 71. Les avertissements aux contribuables seront également rédigés par le directeur des contributions directes; ils devront indiquer, comme le rôle, la date de la délibération du conseil municipal ou de l'arrêté du préfet, contenir, pour chaque cotisation, les détails y relatifs portés au rôle, et se terminer par l'invitation aux cotisés de déclarer, dans le mois de la publication du rôle, s'ils entendent se libérer en nature ou en argent. Mention sera faite aussi, sur chaque avertissement, qu'aux termes de l'article 4 de la loi du 21 mai 1836, la cote sera, de droit, exigible en argent, si le contribuable n'avait pas, dans ledit délai d'un mois, déclaré devant le maire de sa commune son option d'acquitter sa prestation en nature.

Art. 72. Les rôles de prestation nous seront remis par le directeur des contributions directes au fur et à mesure de leur rédaction, et de manière à ce que la publication puisse en avoir lieu, dans toutes les communes, dans le courant du mois de novembre antérieur à l'année à laquelle le rôle s'applique. Ils seront par nous rendus exécutoires, et transmis au percepteurs-receveurs municipaux, par l'intermédiaire des receveurs des finances, avec les avertissements rédigés par le directeur.

Art. 73. Les percepteurs-receveurs municipaux communiqueront immédiatement les rôles aux maires, qui devront en faire faire la publication dans les mêmes formes que pour ceux des contributions directes.

Aussitôt après cette publication, qui sera certifiée par le maire sur le rôle même, les percepteurs-receveurs municipaux feront parvenir, sans frais, aux contribuables les avertissements qui les concernent.

Art 74. Les demandes en dégrèvement de la part des cotisés aux rôles de prestation devront être présentées avant le 31 mars et devront être en double expédition.

Ces demandes seront instruites et jugées comme celles concernant les contributions directes ; en conséquence, elles seront communiquées aux répartiteurs, vérifiées par le contrôleur et par le directeur des contributions directes.

Lorsque l'avis du directeur sera défavorable au réclamant, il sera communiqué à ce dernier pour avoir ses observations ; il y sera ensuite statué par le conseil de préfecture, sauf recours au conseil d'Etat.

Le recours au conseil d'Etat pouvant, comme en matière de contributions directes, être exercé sans le ministère d'avocat, les pourvois nous seront transmis par les parties intéressées, pour y être, par nous, donné cours.

Art. 75. Les pouvoirs que les communes croiraient devoir former, dans leur intérêt, contre l'arrêté du conseil de préfecture dégrevant un prestataire, peuvent être également présentés sans le ministère d'avocat. Ils seront, à cet effet, formés par les maires, sur la seule délibération du conseil municipal, et sans qu'il soit besoin de l'autorisation du conseil de préfecture ; il nous seront transmis par le maire, pour y être par nous donné cours.

Art. 76. Les déclarations d'option, faites conformément à l'article 70, seront reçues par le maire ou par l'adjoint, s'il est délégué à cet effet ; elles seront, en présence des déclarants, consignées sur un registre qui sera clos à l'expiration du mois, et transmis immédiatement au percepteur-receveur municipal, pour être, lesdites déclarations, annotées au rôle, en regard des noms des contribuables, dans la colonne à ce destinée.

Art. 77. Dans la quinzaine qui suivra l'expiration du délai d'option, les percepteurs-receveurs municipaux formeront et adresseront aux maires un relevé du rôle des prestations divisé en deux parties : la première comprendra, pour chaque contribuable, nominativement, les journées de prestation d'hommes, d'animaux et de charrois que le contribuable aura déclaré vouloir acquitter en nature ; la seconde comprendra seulement le montant total des cotes qui seront exigibles en argent, soit parce que les contribuables auront préféré ce mode de libération, soit parce que, à défaut d'option dans le délai voulu, les cotes seront devenues exigibles en argent.

Dans le même délai de quinzaine, le percepteur-receveur municipal adressera au préfet un état sommaire faisant connaître, pour chacune des communes de sa perception, le nombre de journées de prestation de diverses espèces que les contribuables ont déclaré vouloir acquitter en nature, et le montant des cotes exigibles en argent.

Art. 78. Les cotes du rôle de prestation, que les contribuables auront déclaré vouloir acquitter en argent, et celles qui seront devenues exigibles en argent, faute de déclaration d'option dans le délai voulu, seront exigibles par douzièmes, comme les contributions directes.

Quant aux cotes que les contribuables auraient d'abord déclaré vouloir acquitter en nature, et dont ils auraient ensuite négligé ou refusé de se libérer de cette manière, quoiqu'ils en aient été requis, elles seront également exigibles en argent, par douzièmes. Toutefois le premier payement qui sera fait par le contribuable devra comprendre les douzièmes échus.

Art. 79. Les poursuites à exercer pour la rentrée des cotes exigibles en argent seront faites selon le mode en vigueur pour les contributions directes, et sous la surveillance des receveurs des finances.

Lorsque les percepteurs-receveurs municipaux seront dans le cas d'exercer des poursuites de cette nature, ils remettront au maire de chaque commune une liste des contribuables en retard, indicative de la somme due par chacun d'eux, et ils lui demanderont l'autorisation de poursuivre par voie de garnison collective. Le maire, après avoir engagé les contribuables à se libérer sans frais, donnera, s'il y a lieu, son autorisation au bas de l'état, et cet état, ainsi approuvé, sera soumis au sous-préfet pour être déclaré exécutoire. Le percepteur-receveur municipal ne devra, au reste, donner cours aux poursuites qu'après les avoir fait précéder d'un avertissement gratis ou d'une nouvelle publication dans la commune.

Les poursuites par voie de commandement, de saisie et de vente ne pourront être exercées qu'après qu'il nous en aura été préalablement référé.

Art. 80. Les percepteurs-receveurs municipaux sont responsables envers les communes du recouvrement des rôles de prestations, comme du recouvrement de toute autre ressource communale, conformément aux règles tracées par les circulaires du ministère de l'intérieur des 31 août 1842 et 18 novembre 1845.

En conséquence, si, à l'époque de la clôture de l'exercice, ces rôles n'étaient pas entièrement soldés, les restes à recouvrer seraient reportés au budget supplémentaire de la commune pour l'exercice suivant, et le comptable s'exposerait à être forcé en recette, s'il ne prenait le soin de justifier, au moment où le compte de l'exercice clos est rendu au conseil municipal, qu'il a fait toutes diligences pour opérer le recouvrement exact des rôles et s'il ne prouvait que la rentrée des ressources encore dues n'a été retardée que par des obstacles qu'il lui a été impossible de surmonter. Dans ce cas, il doit demander l'approbation de l'état des cotes qu'il n'a pu recouvrer.

Art. 81. Les contrôleurs des contributions directes recevront un centime et demi par article, pour la rédaction des états-matrices et l'examen des réclamations présentées par les contribuables.

Il sera alloué au directeur des contributions directes 4 centimes par article pour la rédaction des rôles de prestation, l'expédition des avertissements et la fourniture des imprimés nécessaires, tant pour ces dernières pièces que pour les états-matrices.

Ces remises seront acquittées sur les ressources communales affectées aux chemins vicinaux, et leur montant sera centralisé à la caisse du receveur général, au compte du fonds de cotisations municipales.

Art. 82. Les rôles de prestation en nature étant portés, en recette et en dépense, aux budgets des communes, les remises dues aux percepteurs-receveurs municipaux, sur le montant total de ces rôles, seront établies conformément aux ordonnances royales des 17 avril et 23 mai 1839.

§ 6. — Vote de centimes spéciaux.

Art. 83. Lorsque, en raison de l'insuffisance des revenus ordinaires de la commune pour pourvoir au service des chemins vicinaux, le conseil municipal voudra user de la faculté que lui donne l'article 2 de la loi du 21 mai 1836 de voter des centimes spéciaux, la délibération sera prise sans le concours des plus imposés. Cette délibération devra être prise dans la session de mai; elle nous sera aussitôt transmise par le sous-préfet, avec son avis, et après qu'elle aura été approuvée par nous, s'il y a lieu, elle sera adressée au directeur des contributions directes, qui fera comprendre le montant de cette imposition dans le rôle de la commune.

§ 7. — Vote de centimes extraordinaires.

Art. 84. Dans le cas où, après avoir affecté aux dépenses des chemins vicinaux toute la portion disponible des revenus ordinaires et le maximum légal du nombre des journées de prestation et des centimes spéciaux, un conseil municipal voudrait affecter à ce service des ressources plus considérables, le conseil municipal pourrait, avec adjonction des plus imposés, voter une imposition extraordinaire.

La délibération nous serait transmise par le sous-préfet, avec son avis, et par nous adressée au ministre de l'intérieur, pour être, s'il y a lieu, homologuée par décret impérial.

Art. 85. En aucun cas il ne sera voté de centimes extraordinaires, pour le service des chemins vicinaux, avant que le maximum des journées de prestation et des centimes spéciaux ait été voté.

§. 8 — Impositions d'office.

Art. 86. Dans le courant du mois de juin, les sous-préfets dresseront et nous feront parvenir l'état des communes dont les conseils municipaux auraient négligé ou refusé d'affecter des ressources à la réparation et à l'entretien des chemins vicinaux. Ils accompagneront cet état d'un rapport sur l'état des chemins de ces communes, et de leur avis sur la nécessité de pourvoir à leur réparation au moyen d'impositions d'office.

Art. 87. Lorsque, soit par les rapports des sous-préfets, soit par l'envoi d'un agent-voyer sur les lieux, soit enfin par tout autre moyen, nous aurons reconnu la nécessité de contraindre une commune à affecter à la réparation des chemins vicinaux des ressources qu'elle aurait négligé ou refusé de voter, un arrêté motivé pris par nous, mettra le conseil municipal en demeure de voter ces ressources, et fixera le délai dans lequel ce conseil devra en délibérer.

Lorsqu'il s'agira du contingent à fournir par une commune pour les chemins vicinaux de grande communication, la mise en demeure résultera de la fixation du contingent à fournir, qui aura été notifiée au conseil municipal dans sa session de mai, conformément au troisième paragraphe de l'article 49 du présent règlement.

Art. 88. Si à l'expiration du délai fixé par l'arrêté mentionné au premier paragraphe de l'article précédent, le conseil municipal n'avait pas voté, dans les limites de la loi, les ressources nécessaires au service vicinal, ou s'il les avait votées en partie seulement, il y sera pourvu d'office par nous, en exécution de l'article 5 de la loi du 21 mai 1836, ainsi qu'il va être dit ci-après.

Art. 89. Dans le cas où les revenus ordinaires de la commune retardataire permettraient de faire face, en tout ou en partie, aux besoins du service vicinal, l'allocation nécessaire sera inscrite au budget par un arrêté pris par nous en conseil de préfecture.

Art. 90. Lorsque nous aurons reconnu nécessaire d'imposer d'office des journées de prestation, un arrêté pris par nous déterminera, dans les limites de la loi, le nombre de journées à imposer; il sera immédiatement transmis au directeur des contributions directes, avec invitation de faire rédiger le rôle.

Cet arrêté sera également notifié par nous au maire de la commune, pour être porté, par voie de publication, à la connaissance des habitants.

Art. 91. Lorsque le rôle rédigé en vertu de l'article précédent aura été par nous rendu exécutoire, il sera, en conformité de l'article 72 ci-dessus, transmis au percepteur-receveur municipal, par l'entremise du receveur des finances, pour y être publié dans la forme accoutumée. Les avertissements aux contribuables seront aussitôt distribués par les soins du percepteur-receveur municipal.

Art. 92. Si le maire de la commune négligeait, ou si, après

mise en demeure, il refusait de faire la publication du rôle rédigé d'office, un délégué nommé par nous, en vertu de l'article 15 de la loi du 18 juillet 1837, ferait faire cette publication.

Art. 93. Lorsque nous aurons reconnu nécessaire d'imposer d'office des centimes spéciaux, un arrêté pris par nous déterminera, dans les limites de la loi, le nombre de centimes à imposer. Il sera immédiatement transmis au directeur des contributions directes, pour, le nombre de centimes à imposer d'office, être compris au rôle des contributions directes de la commune.

Cet arrêté sera également notifié par nous au maire de la commune, pour être porté, par voie de publication, à la connaissance des habitants.

Art. 94. Dans le cas où le rôle des contributions directes de la commune serait rédigé à l'époque où le directeur recevrait l'arrêté ordonnant une imposition d'office, il serait rédigé un rôle supplémentaire comprenant le nombre de centimes portés dans cet arrêté.

SECTION II.— *Concours des propriétés de l'Etat et de la couronne.*

§ 1er

Art. 95. Les propriétés de l'Etat, productives de revenus, doivent, aux termes de l'article 13 de la loi du 21 mai 1836, contribuer aux dépenses des chemins vicinaux dans les mêmes proportions que les propriétés particulières.

Dans les communes où les propriétés de l'Etat, productives de revenus, ne sont pas déjà classées pour mémoire dans les matrices ou états de section, les répartiteurs, assistés du contrôleur des contributions directes, rédigeront une matrice particulière, dans laquelle lesdites propriétés seront évaluées dans les mêmes proportions que les autres propriétés particulières, comme s'il s'agissait de les cotiser à la contribution foncière.

Les évaluations seront, dans tous les cas, communiquées par le directeur des contributions directes aux agents des administrations des forêts et des domaines, qui présenteront telles observations qu'ils jugeront convenables. Le directeur nous adressera sur le tout un rapport motivé, et nous arrêterons les bases de cotisation.

Ces bases serviront tous les ans à régler la cote des propriétés de l'Etat dans les impositions communales ordinaires ou extraordinaires votées par les conseils municipaux pour les chemins vicinaux, et dans les centimes départementaux votés pour la même destination, par le conseil général du département, en exécution des articles 2 et 8 de la loi.

Art. 96. Les cotisations seront inscrites à la fin du rôle général des contributions directes de la commune, au nom du domaine de l'Etat, et les avertissements d'en payer le montant seront remis par le percepteur au receveur de l'enregistrement et des domaines dans l'arrondissement duquel les propriétés sont situées.

Art. 97. Si des réclamations s'élevaient contre la cotisation des propriétés de l'Etat, soit de la part des communes, soit de la part des agents de l'administration des forêts ou des domaines, elles seraient portées, comme les réclamations en matière de contributions directes, devant le conseil de préfecture.

§ 2.

Atr. 98. Les propriétés de la couronne doivent contribuer aux dépenses des chemins vicinaux dans les mêmes proportions que les propriétés particulières, ainsi qu'il résulte de l'article 13 de la loi du 21 mai 1836 et de l'article 12 du sénatus-consulte du 12 décembre 1852.

Les réclamations contre ces cotisations seront jugées comme en matière de contributions directes.

SECTION III. — *Subventions spéciales pour dégradations habituelles ou temporaires.*

§ 1er.

Art. 99. Lorque des exploitations de mines, de carrières, de forêts ou de toute entreprise industrielle appartenant à des particuliers, à des établissements publics, à la couronne ou à l'Etat. dégraderont habituellement ou temporairement un chemin vicinal entrenu à l'état de viabilité, il pourra en exécution de l'article 14 de la loi du 21 mai 1836, être imposé des subventions spéciales aux entrepreneurs ou propriétaires, suivant que l'exploitation ou les transports auront eu lieu pour le compte des uns ou des autres.

Art. 100. Ces subventions seront réclamées par les maires des communes intéressées pour les chemins vicinaux ordinaires. Ces fonctionnaires pourront aussi, à notre défaut, réclamer celles qui concernent les chemins vicinaux de grande communication.

Art. 101. Il y a dégradation habituelle lorsqu'il s'agit d'une exploitation de mines, de carrières, de forêts ou de toute autre entreprise industrielle qui continue toute l'année, ou pendant la plus grande partie de l'année par le même chemin.

Il y a dégradation temporaire lorsque l'exploitation ne continue pas toute l'année, ou la plus grande partie de l'année, mais se fait seulement temporairement.

Si, se continuant toute l'année, l'exploitation empruntait successivement plusieurs chemins, il y aurait lieu de la considérer comme temporaire à l'égard de chacun des chemins dont elle se sert.

Art. 102. Si l'exploitation ou les transports se font pour le compte du propriétaire de l'exploitation ou de l'établissement, c'est à ce propriétaire que la commune doit adresser sa demande.

Si l'exploitation ou les transports ne se font pas pour le compte du propriétaire ; si la mine ou l'entreprise industrielle est louée à un fermier; si la carrière est exploitée par un entrepreneur permanent; si la forêt est louée par bail; la demande de subvention devra être adressée, non pas au propriétaire, mais à celui qui exerce les droits du propriétaire d'une manière permanente.

Lorsqu'une exploitation de forêts ou de bois sera divisée en lots, et adjugée à divers adjudicataires, c'est au propriétaire que la commune devra s'adresser pour la subvention qui pourra lui être due.

Art. 103. Les exploitations mentionnées à l'article 14 de la loi du 21 mai 1836 pourront être tenues à des subventions, même envers des communes autres que celles sur le territoire desquelles elles sont situées.

§ 2. — Constatation de l'état de viabilité.

Art. 104. Aux termes de l'article 14 de la loi du 21 mai 1836, les chemins pour lesquels les subventions sont demandées doivent être entretenus à l'état de viabilité. Il sera procédé à la constatation de cet état de la manière suivante : tous les ans il sera publié et affiché dans chaque commune un tableau des chemins vicinaux de petite et de grande communication entretenus à l'état de viabilité. Le tableau des chemins de la première catégorie sera arrêté par le maire sur une délibération du conseil municipal ; celui de la deuxième par le préfet, sur un rapport de l'agent voyer en chef.

Art. 105. Les propriétaires industriels, ou entrepreneurs qui se servent pour leur exploitation des chemins indiqués au tableau seront admis à présenter leur réclamations sur l'état de viabilité desdits chemins dans la quinzaine qui suivra la publication du tableau.

Art. 106. Les chemins qui n'auront donné lieu à aucune observation seront considérés comme étant en bon état de viabilité et pourront donner ouverture à des demandes de subventions spéciales ; à l'égard de ceux dont la viabilité serait contestée, il sera procédé à une reconnaissance contradictoire de leur état entre les agents de l'administration et les parties intéressées ou leurs représentants. Le résultat de cette reconnaissance sera consigné par un procès verbal.

§ 3. — Constatation des dégradations

Art. 107. Les subventions réclamées par les communes devant être proportionnées aux dégradations causées par les exploitations ou autres entreprises industrielles, ces dégradations seront constatés par des experts nommés dans la forme prescrite par l'article 17 de la loi du 21 mai 1836.

Art. 108. Si la partie intéressée refusait ou négligeait de nommer son expert, après l'invitation qui lui en aura été faite par le sous-préfet, il nous en sera rendu compte, et nous provoquerons, près du conseil de préfecture, la nomination d'office de cet expert.

Art. 109. Avant d'opérer, les experts prêteront serment savoir: devant le conseil de préfecture pour l'arrondissement-chef-lieu, et devant les sous-préfets pour les autres arrondissements. Il sera rédigé procès-verbal de la prestation de serment.

Art. 110. L'expertise se fera à la fin de l'exploitation, si cette exploitation est temporaire; elle se fera à la fin de l'année si l'exploitation est permanente.

Art. 111. S'il y a discord entre les experts, il nous en sera rendu compte, et nous provoquerons, près du conseil de préfecture, la nomination d'un tiers expert.

Art. 112. Les procès-verbaux de prestation de serment des experts, et ceux constatant leurs opérations, seront rédigés sur papier timbré et soumis à l'enregistrement; ils nous seront ensuite adressés.

§ 4. -- Règlement des subventions.

Art. 113. Les procès-verbaux d'expertise seront soumis au conseil de préfecture qui réglera la subvention due à la commune, conformément au troisième paragraphe de l'article 14 de la loi.

Art. 114. Les subventions seront réglées annuellement, sans que la décision rendue puisse, en aucun cas, s'étendre à plusieurs années.

§ 5. -- Recouvrement des subventions.

Art. 115. La décision du conseil de préfecture, qui aura déterminé le montant de la subvention, sera notifiée par le maire ou à sa diligence au propriétaire ou à l'exploitant à la charge duquel elle sera mise. Il sera tiré reçu ou dressé procès-verbal de cette notification.

Une expédition de la décision sera, en outre, remise au percepteur-receveur municipal, pour servir de titre à ses poursuites.

Art. 116. Si la subvention concerne une forêt impériale, il sera remis une expédition de décision au conservateur des forêts; s'il s'agit d'une propriété de la couronne, il en sera remis une expédition à l'inspecteur des domaines et forêts de la couronne;

enfin, s'il s'agit d'établissements publics, l'expédition sera remise aux administrateurs ou chefs de ces établissements.

Art. 117. Les subventionnaires pouvant, aux termes du deuxième paragraphe de l'article 14 de la loi, acquitter les subventions en argent ou en prestation en nature, à leur choix, ils devront déclarer leur option au maire de la commune, dans le délai de 15 jours, à partir de la notification de la décision du conseil de préfecture. Faute par les subventionnaires d'avoir opté dans ce délai, ils ne pourront plus se libérer qu'en argent.

Art. 118. Les subventions exigibles en argent seront recouvrées comme en matière de contributions directes.

Art. 119. Lorsque les subventionnaires auront déclaré vouloir acquitter leurs subventions en prestations en nature, ils seront soumis à toutes les règles relatives aux travaux de prestation dans la commune.

Dans ce cas, la subvention fixée en argent par le conseil de préfecture sera convertie soit en journées de prestations, d'après le tarif de conversion arrêté pour la commune par le conseil général du département, soit en tâches conformément au tarif voté par le conseil municipal.

Les travaux devront être exécutés par des hommes valides, qui travailleront sous l'inspection de l'autorité locale et aux époques indiquées par elle. Des quittances régulières seront données au fur et à mesure de l'emploi des journées, afin d'opérer la libération du subventionnaire.

Art. 120. Si un subventionnaire, après avoir opté pour l'acquit de sa subvention en prestations, n'obtempérait pas aux réquisitions qui lui seraient régulièrement adressées, il serait déclaré déchu du bénéfice de son option, et le recouvrement de la subvention serait poursuivi en argent par le percepteur-receveur municipal.

Art. 121. Les subventions exigées en vertu de l'article 14 de la loi, soit qu'elles doivent s'acquitter en nature, soit qu'elles doivent s'acquitter en argent, seront exclusivement affectées à ceux des chemins qui y auront donné lieu.

Le produit en sera versé à la caisse communale, s'il s'agit d'un chemin vicinal de petite communication ; si elles s'appliquent à un chemin vicinal de grande communication, le montant en sera versé à la caisse du receveur général, pour être ajouté au crédit de ce chemin.

§ 6. — Fixation des subventions par abonnement.

Art. 122. Lorsqu'il y aura lieu par une commune, de réclamer les subventions prévues par l'article 14 de la loi du 21 mai 1836, ces subventions seront, s'il est possible, réglées entre le maire et la partie intéressées, par voie d'abonnement en argent.

Les conditions de l'abonnement, signées par les parties, seront d'abord soumises par le maire à l'approbation du conseil municipal, qu'il est, à cet effet, autorisé à réunir toutes les fois qu'il sera nécessaire.

Art. 123. Si le conseil municipal est d'avis d'admettre les propositions d'abonnement, ces propositions, ainsi que la délibération à laquelle elles auront donné lieu, nous seront transmises par l'intermédiaire du sous-préfet pour y être statué par nous, en conseil de préfecture.

Art. 124. L'exécution des engagements souscrits sera poursuivie comme en matière des contributions directes.

Art. 125. Les abonnements, souscrits et réglés pour plusieurs années consécutives, ne continueront à être valables qu'autant que l'exploitation ne changerait pas de nature pendant le délai pour lequel ils ont été souscrits.

Dans tous les cas, les abonnements devront être renouvelés tous les trois ans, afin de mettre l'administration à portée de reconnaître si les conditions en sont toujours en rapport avec les dégradations que peuvent occasionner les exploitations.

SECTION IV. — *Offres de concours faites par des communes ou des particuliers.*

Art. 126. Lorsqu'une commune aura intérêt à faire commencer les travaux d'un chemin vicinal de grande communication, ou hâter l'achèvement de ces travaux, le conseil municipal pourra consacrer à leur exécution des ressources supérieures au contingent assigné à la commune.

La délibération du conseil municipal sera prise sans l'assistance des plus imposés, si le concours doit être fourni sur les revenus de la commune ; elle sera prise avec l'assistance des plus imposés si, pour réaliser l'offre de concours, il y a nécessité de recourir à une imposition extraordinaire.

Dans aucun cas, l'offre de concours extraordinaire ne pourra être réalisé au moyen de journées de prestation dépassant le maximum fixé par la loi.

Art. 127. Lorsque l'offre de concours d'une commune aura été régulièrement approuvée, la dépense qui en résultera sera une dépense obligatoire de la commune, et en cas de refus de remplir l'engagement contracté, il sera procédé conformément à l'article 39 de la loi du 18 juillet 1837.

Art. 128. Lorsque des particuliers ou des associations de particuliers offriront de concourir, soit par des travaux en nature, soit par des fournitures de matériaux ; soit enfin par des subventions en argent, à la construction ou à l'amélioration d'un chemin vicinal, l'acte contenant ces offres nous sera adressé directement ; il devra mentionner les conditions auxquelles les particuliers ou les associations de particuliers entendent concourir aux travaux, et la quotité de leurs offres, soit en journées de travail, soit en matériaux, soit en argent.

Art. 129. Si les offres de concours ont pour objet un chemin vicinal de grande communication, il y sera statué par nous directement.

Si les offres ont pour objet un chemin vicinal de petite communication, elles seront soumises au conseil municipal, et la délibération nous sera soumise avec l'avis du sous-préfet, pour être statué par nous.

Art. 130. Les sommes provenant des offres de concours ne pourront être employées qu'à la réparation ou à la construction du chemin pour lequel elles auront été offertes. Il en sera de même des offres de concours en fournitures de matériaux ou en journées de travail.

Art. 131. Si, après l'acceptation régulière d'offres de concours la réalisation en éprouvait des difficultés, l'accomplissement des engagements pris serait poursuivi par voie administrative.

SECTION V. — *Spécialité de l'empoi des ressources.*

Art. 132. Les ressources affectées au service des chemins vicinaux, quelle que soit leur origine, et qu'elles consistent en argent on en prestation en nature, ne peuvent, sous aucun prétexte, être appliquées soit à des travaux étrangers à ce service, soit à la réparation de chemins qui n'auraient pas été légalement reconnus et classés comme chemins vicinaux.

Tout emploi, soit de fonds, soit de prestation en nature, qui serait effectué contrairement à cette règle, sera rejeté des comptes, et mis à la charge du comptable ou de l'ordonnateur, selon le cas.

TITRE III. — DISPOSITIONS RELATIVES A L'EXÉCUTION DES TRAVAUX.

CHAPITRE 1er. — *Travaux de prestations en nature.*

SECTION 1re. — *Emploi de la prestation en journées.*

§ 1er. -- Epoque de l'emploi de la prestation.

Art. 133. Les travaux de prestation en nature à effectuer en journées seront exécutés à deux époques de l'année: la première, du 1er février au 15 juin; la seconde, du 1er septembre au 31 octobre. Les maires déterminent, dans ce laps de temps, l'époque la plus convenable à la bonne exécution des travaux, en ayant soin de fixer l'ouverture de ces travaux, de manière à ce qu'ils puissent être achevés à l'expiration du délai indiqué.

Art. 134. Si, pour quelques communes, des époques autres que celles indiquées dans l'article précédent étaient reconnues être, soit plus favorables à la bonne exécution des travaux, soit plus en rapport avec les besoins de l'agriculture, nous nous réservons de modifier ces époques sur la demande des maires et l'avis des sous-préfets.

Art. 135. Dans tous les cas, les prestations acquittables en nature devront toujours être effectuées, sinon dans l'année même pour laquelle elles auront été votées, au moins dans les délais fixés pour la clôture de l'exercice; il est expressément interdit de mettre les prestations en nature en réserve d'une année sur l'autre.

Art. 136. Les fermiers ou colons qui viendraient à quitter la commune avant d'avoir effectué les journées de prestation pour lesquelles ils sont portés au rôle, n'étant pas libérés par le seul fait de leur départ, mais ne pouvant, toutefois, que difficilement être appelés alors à exécuter ces prestations, les maires auront soin d'appeler aux travaux, avant l'époque où il est d'usage de changer de ferme, ceux d'entre eux qui seraient à fin de bail.

§ 2 -- Ouverture et surveillance des travaux de prestation.

Art. 137. Le préfet fixera, dans les limites déterminées par l'article 133 ci-dessus, l'époque à laquelle devront s'ouvrir les travaux de prestation en journées.

Quinze jours avant cette époque, et le dimanche, le maire fera publier, à l'issue de la messe paroissiale, et fera afficher à la porte de la mairie, l'avis que les travaux de prestation en nature vont commencer dans la commune; cette publication sera répétée un second dimanche.

Art. 138. Cinq jours au moins avant l'époque fixée pour les travaux, le maire fera remettre à chaque contribuable soumis à la prestation, un bulletin signé de lui, portant réquisition de se rendre tel jour, à telle heure, sur tel chemin, pour y faire les travaux qui lui seront indiqués.

Ces avis porteront aussi la mention qu'à défaut, par le contribuable d'obtempérer à la réquisition qui lui est faite, sa cote deviendrait de droit exigible en argent.

Art. 139. Lorsqu'un prestataire sera empêché par maladie ou par quelque autre cause, il devra le faire connaître au maire dans les vingt-quatre heures qui suivront la réception de la réquisition.

Il pourra lui être accordé par le maire un ajournement dont la durée sera basée sur la nature de l'empêchement. Dans aucun cas, cet ajournement ne pourra se prolonger au delà de l'époque fixée pour la clôture de l'exercice.

Toute cote non acquittée en nature, à cette époque, sera exigible en argent.

Art. 140. Dans le cas de l'application des articles 6 et 8 de la loi du 21 mai 1836, les prestataires pourront être requis d'effectuer leurs travaux de prestation hors les limites de la commune à laquelle ils appartiennent; si les ateliers de travail étaient situés à plus de 6 kilomètres des limites de leur commune, il serait tenu compte aux prestataires du temps nécessaire pour l'aller et le retour.

Art. 141. Il ne sera requis à la fois que le nombre de travailleurs et d'attelages qui pourront être employés simultanément, sans encombrement ni perte de temps, et avec le plus davantage pour la bonne exécution des travaux. Les réquisitions ne seront donc envoyées que successivement et au fur et à mesure de l'avancement et du besoin des travaux; elles devront toujours parvenir aux prestataires au moins cinq jours à l'avance.

Art. 142. Si la commune est désignée comme devant fournir des journées de prestation en nature pour le service des chemins vicinaux de grande communication, le maire n'adressera de réquisition aux prestataires dont les journées seront réservées à cet effet, que lorsque nous lui aurons fait connaître le jour où devront commencer les travaux sur ces chemins.

Art. 143. La surveillance et la direction des travaux de prestation sur les chemins vicinaux de petite communication appartiendra au maire de la commune sur le territoire de laquelle ils seront exécutés; ce fonctionnaire sera, autant que faire se pourra assisté d'un agent-voyer. Le maire pourra se faire remplacer par un membre du conseil municipal à son choix.

Art. 144. Le maire, sur l'avis favorable du conseil municipal, et avec notre autorisation, pourra choisir un piqueur ou cantonnier qui sera chargé, sous l'inspection d'un agent voyer, s'il est possible, de la direction matérielle des travaux, et qui rendra compte au fonctionnaire chargé de la surveillance de la manière dont l'emploi des journées aura lieu; ce compte servira de base à la délivrance des certificats de libération.

Le salaire de cet agent fera partie de la dépense des chemins vicinaux, et sera soldé sur les fonds qui sont affectés à ces travaux.

Art. 145. Dans les communes où il existe un garde champêtre, cet agent devra se trouver sur le lieu des travaux pour exécuter les ordres du fonctionnaire chargé de les surveiller.

Art. 146. Le maire remettra jour par jour et d'avance, au fonctionnaire chargé de la surveillance des travaux, la liste des prestataires requis pour acquitter leur prestation : cette liste qui fera connaître, en regard du nom de chaque prestataire, les outils dont il devra être muni, sera précédée d'une note indicative de l'heure assignée pour l'ouverture des travaux.

Art. 147. A l'heure indiquée, le surveillant fera l'appel des prestataires requis ; il s'assurera qu'ils sont pourvus des outils demandés par l'avis de réquisition ; il leur assignera l'atelier où ils auront à travailler et la nature de leur travail.

Les prestataires arriveront sur les ateliers, porteurs du billet de réquisition ; les absents seront annotés avec soin par le surveillant sur la liste qui lui aura été fournie en exécution de l'article précédent.

§ 3. -- Obligations des prestataires.

Art. 148. Chaque prestataire devra porter, sur l'atelier dont il fera partie, les pelles, pioches et outils en sa possession qui lui auront été indiqués par l'avis du maire ; quant aux masses, brouettes et autres objets dont les prestataires ne sont pas ordinairement munis, chaque commune devra se les procurer sur les fonds des travaux.

Les bêtes de somme seront garnies de leur bât, paniers et bride ; les voitures seront attelées et les bêtes de trait garnies de leurs harnais. Le conducteur sera fourni par le propriétaire ; il devra être muni d'une pelle en fer, et travailler avec les autres ouvriers commis au chargement de la charrette ou du tombereau. Sa journée sera imputée sur la cotisation du propriétaire porté en nom au rôle.

Art. 149. Les prestataires qui n'auraient pas les instruments nécessaires pour l'emploi de leurs prestations, et qui se trouveraient dans l'impossibilité absolue de se les procurer, seront tenus d'en avertir le maire quarante-huit heures après la réception de leurs réquisitions.

Art. 150. Sur l'avis qu'il lui sera donné, conformément à l'article précédent, le maire, s'il n'a pas à sa disposition ou ne trouve pas à se procurer tous les instruments nécessaires pour en fournir à ces travailleurs, contremandera ceux qui ne pourraient être occupés utilement, et leur assignera un autre jour pour l'acquit de leurs prestations.

Art. 151. Les prestataires pourront se faire remplacer, pour leur personne et celle des membres de leur famille, par des ouvriers à leurs gages, pourvu que les remplaçants soient valides, âgés de 18 ans au moins et de moins de 60 ans ; ces ouvriers devront être agréés par le maire ou ses délégués. Les prestataires en nom ne seront d'ailleurs libérés qu'autant que le maire sera satisfait du travail des remplaçants ; et si le maire renvoie ces derniers de l'atelier avant l'acquittement complet des journées qu'ils devaient fournir, les prestataires en nom seront tenus de la portion non acquittée.

Art. 152. Les prestataires devront se trouver sur l'atelier, savoir : du 1er avril au 1er octobre, depuis 6 heures du matin jusqu'à 6 heures du soir ; le reste de l'année depuis 7 heures du matin jusqu'à 5 heures du soir.

La durée totale du temps des repas et des repos ne devra pas excéder deux heures.

Art. 153. La durée du travail pour les bêtes de somme et trait sera de   heures en deux reprises.

Art. 154. La journée de prestation est indivisible ; pour en être libéré, le prestataire devra la fournir tout entière et sans interruption.

En cas d'interruption de la journée par empêchements légitimes ou par le mauvais temps, les contribuables seront tenus de compléter plus tard leurs prestations.

Art. 155. La journée de prestation ne sera réputée acquittée qu'autant que le prestataire l'aura convenablement employée.

En conséquence, quand un prestataire ne sera pas rendu sur l'atelier à l'heure qui lui aura été indiquée, ou qu'il n'aura fourni qu'une partie des journées par lui dues, soit en manquant aux heures de travail, soit autrement, sa cote ou le restant de sa cote sera exigible en argent.

Art. 156. Dans le cas prévu par l'article précédent, le maire adressera au percepteur-receveur municipal le nom du prestataire recalcitrant ou retardataire, et invitera ce comptable à opérer le recouvrement en argent des journées ou portions de journées restant dues.

Toutefois, le maire restera juge des cas de force majeure dans lesquels il y aurait lieu de modérer l'application de ces dispositions, et d'accorder au prestataire un nouveau délai pour se libérer. Ce délai ne devra jamais depasser l'année ou au moins la durée de l'exercice.

Art. 157. La police des ateliers appartiendra au maire ou à son délégué ; les prestataires seront tenus de leur obéir en tout ce qu'ils leur commanderont pour la bonne exécution des travaux.

Art. 158. Tout prestataire qui ne se soumettra pas aux règles établies pour les travaux, ou qui troublera l'ordre, qui ne sera pas muni des outils exigés par sa réquisition, qui n'aura pas équipé ses bêtes de somme et disposé ses attelages de manière à servir utilement, sous les réserves portées en l'article 149 ci-dessus, ou enfin qui ne travaillera pas comme s'il était salarié, sera renvoyé de l'atelier par le fonctionnaire chargé de la surveillance des travaux, et sa cote ou le restant de sa cote sera exigible en argent.

§ 4. — Libération des prestataires.

Art. 159. Le fonctionnaire chargé de la surveillance des travaux devra être muni du relevé des prestations acquittables en nature, qui aura été remis par le percepteur-receveur municipal, en conformité de l'article 77 ci-dessus.

A la fin de chaque journée, ce fonctionnaire émargera, en regard du nom de chaque prestataire, le nombre de journées de diverses espèces que ce contribuable aura acquittées ou fait acquitter pour son compte : il déchargera en même temps la réquisition qui aura été envoyée au prestataire.

Art. 160. Après l'exécution des travaux, le relevé, émargé comme il est dit c l'article précédent, sera visé par le maire et remis par lui au percepteur-receveur municipal, qui devra également émarger sur le rôle de prestation les cotes ou parties de cotes acquittées en nature. Ce comptable totalisera lesdites cotes et en inscrira le montant, en un seul article, sur son journal à souche ; le bulletin n'en sera pas détaché, mais il aura soin de le biffer en le laissant tenir à la souche.

SECTION II. — *Emploi de la prestation en tâches.*

Art. 161. Lorsque, en exécution des articles 55 et 56 du présent règlement, le conseil municipal d'une commune aura arrêté les bases de la conversion des journées de prestation en tâches, et que cette délibération aura reçu notre approbation, le maire décidera, en ce qui concerne les chemins vicinaux de petite communication, si les travaux de prestation en nature se feront, dans la commune, en journées ou en tâches, selon qu'il le jugera le plus utile dans l'intérêt de la réparation des chemins vicinaux. Cette décision sera obligatoire pour tous les prestataires qui auront déclaré opter pour l'acquittement de leurs cotes en nature.

La même décision sera prise par nous, pour les travaux des chemins vicinaux de grande communication et des chemins vicinaux d'intérêt commun.

Art. 162. Lorsque les travaux de prestation en nature devront être exécutés en tâches, la réquisition adressée aux prestataires, en conformité de l'article 138 ci-dessus, en fera mention, et indiquera l'espèce et la quantité de travaux qu'ils devront effectuer ainsi que le délai dans lequel les tâches devront être exécutées.

Les travaux à faire seront en outre indiqués sur le terrain, s'il en est besoin, par le maire ou le piqueur. Si ces travaux consistent en terrassements ou en étendage de matériaux, le chemin sera, autant que possible, piqueté par des jalons numérotés, indiquant l'étendue des tâches.

Art. 163. La réception des travaux en tâches sera faite, par le maire ou le piqueur, soit au fur et à mesure de l'avancement de ces travaux, soit à l'expiration du délai fixé pour leur achèvement ; les prestataires seront responsables de ces travaux jusqu'à la réception.

Art. 164. Les travaux dont la réception sera refusée pour vice d'exécution seront refaits ou retouchés dans un délai qui n'excèdera pas quinze jours.

Des prolongations du délai fixé par la réquisition pourront être accordées dans le cas prévu par l'article 139, et dans les limites de cet article.

Art. 165. Le maire ou son délégué acquittera, pour les tâches reçues, le bulletin de réquisition ; il annotera également la libération des prestataires sur le relevé dont il est question en l'article 77, et il remettra ce relevé au percepteur-receveur municipal, qui émargera le rôle de prestation, comme il est dit pour l'acquittement des prestations en journées.

SECTION III — *Concours des entrepreneurs dans les travaux de prestation.*

Art. 166. Les prestataires, même lorsque les prestations seront converties en tâches, ne pourront jamais être tenus d'effectuer ces travaux sous le contrôle, ni pour le compte d'un adjudicataire.

Art. 167. Toutefois, lorsque les travaux à faire sur un chemin vicinal, soit de petite, soit de grande communication, seront mis en adjudication, le cahier des charges pourra obliger les adjudicataires à recevoir pour comptant, soit les journées de prestation, d'après le tarif de conversion en argent arrêté par le conseil général du département, soit les tâches, d'après le tarif arrêté par le conseil municipal et approuvé par nous.

Dans ce cas, les prestations en nature, en journées ou en tâches seront requises, surveillées et constatées par les agents de l'administration exclusivement, les entrepreneurs devant rester entièrement étrangers à ces différentes dispositions. Si les prestataires ne remplissaient pas leurs obligations, les entrepreneurs s'adresseraient aux maires ou agents voyers pour obtenir l'accomplissement de ces obligations.

SECTION IV. — *Emploi d'office des prestations en nature.*

Art. 168. Lorsque, dans une commune, des journées de prestation auront été votées par le conseil municipal, et que le rôle aura été rendu exécutoire, mais que les travaux n'auront pas été effectués dans le délai fixé, et au plus tard dans le dernier mois de l'année, il nous en sera rendu compte par le sous-préfet, afin que nous puissions ordonner l'exécution d'office des travaux, avant l'expiration de l'exercice.

Art. 169. A cet effet, un arrêté spécial, pris par nous, mettra le maire de la commune en demeure de faire exécuter les travaux dans un délai de quinze jours. Cet arrêté préviendra en outre les contribuables que, faute par eux d'avoir fourni leurs prestations en nature dans le délai fixé, leurs cotes deviendraient exigibles en argent.

Art. 170. L'arrêté de mise en demeure devra être publié dans la commune par les soins du maire.

Si ce fonctionnaire négligeait ou refusait de faire cette publication, il y serait pourvu par nous, conformément à l'article 15 de la loi du 18 juillet 1837.

Art. 171. Les travaux de prestation à exécuter d'office seront surveillés par un agent voyer commis à cet effet par nous ou par le sous-préfet de l'arrondissement. Les certificats de libération seront délivrés par le maire, sur l'attestation de l'agent voyer. A défaut de l'intervention du maire, les certificats de l'agent voyer opéreront la libération des prestataires.

Art. 172. Les mesures prescrites par les quatre articles qui précèdent recevront également leur application dans le cas où les prestations non employées auraient été imposées d'office, en exécution de l'article 5 de la loi du 21 mai 1836.

SECTION V. — *Spécialité de l'emploi des prestations.*

Art. 173. Aucune partie des prestations fournies en nature, ou de celles rachetées en argent, ne pourra être employée sur des chemins qui n'auraient pas été également déclarés vicinaux. Il ne pourra non plus en être fait emploi pour aucune espèce de travaux autres que ceux des chemins vicinaux.

Le fonctionnaire qui contreviendrait à cette défense demeurerait personnellement responsable de la valeur des prestations qu'il aurait indûment fait employer.

CHAPITRE II. — *Travaux à prix d'argent.*

SECTION 1re. — *Rédaction des projets et devis.*

Art. 174. Tous les travaux à exécuter à prix d'argent, sur les chemins vicinaux, devront être l'objet de projets régulièrement dressés et appuyés de devis.

Toutefois, il pourra, sous notre approbation, être fait exception à la disposition qui précède, lorsqu'il s'agira de travaux de simple réparation ou d'entretien dont la dépense ne dépasserait pas 300 francs.

Art. 175. Les projets et devis des travaux à prix d'argent devront être rédigés chaque année dans le courant de novembre.

Ils seront immédiatement adressés au sous-préfet, qui les fera examiner par l'agent voyer d'arrondissement, et qui nous les transmettra avec son avis et celui de l'agent voyer d'arrondissement, pour être, s'il y a lieu, approuvés par nous, sur l'avis de l'agent voyer en chef.

SECTION II. — *Mode d'exécution des travaux.*

Art. 176. Les travaux à exécuter à prix d'argent, sur les chemins vicinaux, pourront être exécutés, d'après leur importance, par voie d'adjudication, de marchés à forfait ou de régie.

Art. 177. Lorsque la dépense portée au devis ne s'élèvera pas à 1,000 francs, les travaux pourront être exécutés par voie de marchés à forfait ou de régie, mais seulement avec notre autorisation.

Lorsque la dépense portée au devis excèdera 1,000 francs, les travaux devront nécessairement être mis en adjudication. Après deux tentatives infructueuses d'adjudication, il nous en sera rendu compte, et nous autoriserons, s'il y a lieu, l'exécution des travaux par voie de marchés ou de régie.

SECTION III. — *Travaux à faire par voie d'adjudication.*

Art. 178. Les adjudications seront, autant que possible, faites à la sous-préfecture de l'arrondissement, et, à cet effet, le sous-préfet se concertera avec les maires pour réunir dans une même affiche et adjuger dans une même séance, par lots distincts, les travaux à faire dans les différentes communes de l'arrondissement.

Lorsque des circonstances particulières exigeront que l'adjudication des travaux ait lieu dans la commune même où ces travaux seront faits, cette exception sera autorisée par nous.

Art. 179. Le sous-préfet déterminera, selon la nature et l'importance des travaux, si l'adjudication aura lieu pour la totalité des travaux à exécuter dans une commune et en bloc, ou si elle se fera par nature d'ouvrages et par série de prix.

Il déterminera également si l'adjudication aura lieu sur soumissions cachetées, à la criée ou à l'extinction des feux.

Art. 180. Les adjudications seront annoncées au moins quinze jours à l'avance, par des affiches placardées, tant au chef-lieu que dans les principales communes de l'arrondissement.

Ces affiches indiqueront, sommairement, la nature des travaux, le montant de la dépense, les conditions et le mode de l'adjudication, le lieu, le jour et l'heure où il y sera procédé, le lieu et le moment où devra se faire le dépôt des soumissions, enfin le montant du cautionnement à fournir par le soumissionnaire déclaré adjudicataire.

Art. 181. Lorsque l'adjudication aura lieu à la sous-préfecture, le sous-préfet sera assisté du maire et d'un membre du conseil municipal de chacune des communes intéressées, du percepteur-receveur municipal et de l'agent voyer de l'arrondissement. L'absence d'un ou de plusieurs de ces fonctionnaires, eux dûment appelés, ne fera pas obstacle à ce que l'adjudication ait lieu.

Si l'adjudication a lieu, sur notre autorisation, dans une commune et pour les travaux de cette seule commune, il y sera procédé, selon que nous le déciderons, soit par le sous-préfet de l'arrondissement, soit par le maire de la commune, en présence de deux membres du conseil municipal et du receveur municipal.

Art. 182. Lorsque l'adjudication aura lieu sur soumissions cachetées, il sera arrêté, pour chaque adjudication, de concert entre le maire et le sous-préfet, après avoir consulté l'agent voyer, et avant l'ouverture de la séance, un *minimum* de rabais qui sera déposé cacheté sur le bureau.

Art. 183. Nul ne sera admis à concourir s'il n'a les qualités requises pour entreprendre les travaux et en garantir le succès. A cet effet, le concurrent sera tenu de fournir un certificat constatant sa capacité, et de présenter un acte régulier ou au moins une promesse valable de cautionnement. Ce certificat et cet acte ou cette promesse seront joints à la soumission ; mais celle-ci sera placée sous un second cachet.

Il ne sera pas exigé de certificat de capacité pour la fourniture des matériaux destinés à l'entretien des chemins, ni pour les travaux de terrassement dont l'estimation ne s'élève pas à francs.

Art. 184. Les paquets seront reçus cachetés, par le sous-préfet ou le maire qui présidera à l'adjudication, en présence des fonctionnaires dont il devra être assisté ; ils seront immédiatement rangés sur le bureau, et recevront un numéro dans l'ordre de leur présentation.

Art. 185. A l'instant fixé pour l'ouverture des paquets, le premier cachet sera rompu publiquement, et il sera dressé un état des pièces contenues sous ce premier cachet. L'état dressé, les concurrents se retireront de la salle de l'adjudication, et le président, après avoir consulté les fonctionnaires qui l'assisteront, arrêtera la liste des concurrents agréés.

Art. 186. Immédiatement après, la séance redeviendra publique, et le président donnera connaissance de la liste des concurrents agréés. Les soumissions présentées par ces derniers seulement seront alors ouvertes publiquement. Toute soumission qui ne sera pas conforme au modèle indiqué par les affiches sera déclarée nulle.

Les concurrents qui ne sauraient pas écrire pourront faire signer leur soumission par un fondé de procuration verbale, sous la condition de le déclarer, avant l'ouverture de leur soumission, au fonctionnaire qui présidera à l'adjudication.

Art. 187. Le soumissionnaire qui aura fait l'offre d'exécuter les travaux aux conditions les plus avantageuses sera déclaré adjudicataire.

Toutefois, si le rabais offert dans les soumissions n'atteignait pas le minimum fixé dans le billet cacheté dont il est fait mention en l'article 182, l'adjudication serait déclarée sans résultat et serait remise.

, Art. 188. Dans le cas où plusieurs soumissionnaires auraient offert le même rabais, il sera procédé, séance tenante, à une adjudication entre ces soumissionnaires seulement, soit sur de nouvelles soumissions, soit à l'extinction des feux.

Art. 189. Pour les travaux dont l'importance ne s'élèverait pas à plus de 4,000 francs, les adjudications se feront au rabais, à la criée ou à l'extinction des feux. Le mode adopté sera toujours indiqué dans l'affiche.

Art. 190. Il sera dressé, pour chaque adjudication, soit qu'elle ait lieu par voie de soumissions cachetées, soit qu'elle ait lieu à la criée ou à l'extinction des feux, un procès-verbal qui relatera toutes les circonstances de l'opération.

La minute du procès-verbal d'adjudication sera inscrite sur papier timbré.

Art. 191. Les adjudications auxquelles nous n'aurons pas présidé nous-même ne seront définitives qu'après notre approbation.

Art. 192. Dans les vingt jours de la date de l'adjudication, pour celles que nous aurons passées, dans les vingt jours de la date de notre approbation pour les autres, la minute du procès-verbal de l'adjudication sera enregistrée; il ne pourra en être délivré ni expédition ni extrait qu'après l'accomplissement de cette formalité.

Art. 193. Les adjudicataires payeront les frais de timbre et d'enregistrement des procès-verbaux, ceux d'expédition sur papier timbré des devis et cahier des charges dont il leur sera fait remise, ainsi que ceux d'affiches et autres publications, s'il y a lieu. Il ne pourra être rien exigé d'eux au delà.

Art. 194. Le cautionnement à fournir par les adjudicataires sera réalisé à la diligence du receveur municipal, conformément aux dispositions de l'article 5 de l'ordonnance royale du 14 novembre 1837.

SECTION IV. — *Travaux à faire par voie de marchés.*

Art. 195. Lorsque, en raison du montant des devis (art. 177), ou bien parce que deux tentatives d'adjudication seront restées infructueuses, il y aura lieu de faire exécuter les travaux par voie de marché, les marchés seront passés par le maire, assisté de deux conseillers municipaux pris dans l'ordre du tableau.

Les marchés contiendront l'engagement par l'entrepreneur d'exécuter les travaux portés au devis, moyennant une somme fixe qui, dans aucun cas, ne pourra excéder le devis, et dans un délai déterminé, passé lequel le soumissionnaire s'obligera, si les travaux ne sont pas exécutés, à payer à la commune des dommages-intérêts qui seront réglés par le marché lui-même.

Ces marchés seront soumis à notre approbation. Les dispositions des articles 182, 193, 194 leur sont applicables.

SECTION V. — *Surveillance et réception des travaux.*

Art. 196. Les travaux qui se feront par voie d'adjudication ou de marchés seront surveillés par le maire de la commune, assisté, autant que faire se pourra, d'un agent voyer.

En cas d'impossibilité de concours d'un agent voyer, le maire pourra nommer un ou plusieurs piqueurs ou cantonniers qui seront chargés de surveiller plus immédiatement l'exécution de ces travaux. Le salaire de ces agents sera prélevé sur les fonds applicables aux dépenses des chemins vicinaux.

Art. 197. En cas de retard dans l'ouverture ou l'exécution progressive des travaux confiés à un entrepreneur, le maire lui notifiera l'ordre de les commmencer ou de les continuer sans délai.

Si, dans la huitaine, à dater du jour de la notification, cet ordre demeure sans effet, il nous en sera rendu compte, et nous prendrons un arrêté de mise en demeure, lequel portera que, si, à une époque que nous fixerons, l'entrepreneur ne satisfait pas à ses obligations, il sera établi une régie à ses frais; ou bien que la résiliation du marché sera prononcée, et une nouvelle adjudication sur folle enchère passée aux risques et périls de l'entrepreneur retardataire.

Art. 198. En cas de résiliation, les sommes dues à l'entrepreneur, pour les travaux exécutés et les matériaux fournis qui seront jugés de nature à être reçus, lui seront payées; les mauvais ouvrages seront détruits et les mauvais matériaux seront rejetés aux frais de l'entrepreneur, en déduction des sommes qui lui seraient dues.

Art. 199. La réception définitive des travaux sera faite par le maire, assisté de l'agent voyer, et en présence de l'adjudicataire ou lui dûment appelé.

Le procès-verbal sera signé des personnes présentes; il sera soumis à l'acceptation de l'entrepreneur, qui, s'il a des observations à présenter, devra les remettre dans les dix jours de la notification de ce document. Il sera ensuite soumis à notre approbation.

Art. 200. Le procès-verbal de réception sera dressé en triple original : l'un sera déposé à la mairie, l'autre sera annexé à la minute de l'adjudication, le troisième sera remis à l'adjudicataire pour être produit à l'appui du dernier mandat qui lui sera délivré.

Art. 201. Les maires pourront délivrer des mandats partiels de payement aux entrepreneurs, à raison de l'avancement des travaux ou de l'importance des approvisionnements faits. Ces mandats seront basés sur un certificat d'avancement des travaux délivrés par l'agent voyer ou par le surveillant des travaux. Ce certificat sera joint au mandat.

Art. 202. Les mandats partiels ne devront jamais excéder les neuf dixièmes du montant des travaux effectués et les quatre cinquièmes des approvisionnements faits, le dernier payement devant servir de garantie jusqu'à la réception définitive.

Art. 203. Le payement total n'aura lieu, et la remise des cautionnements ne sera faite qu'après l'achèvement, la reconnaissance et la réception définitive des travaux, et ce, sans préjudice des délais de garantie que stipulerait le cahier de charges, ou qui résulteraient des dispositions du Code Napoléon.

SECTION VI. — *Travaux en régie.*

Art. 204. Lorsque, en raison du montant des devis, ou en vertu d'autorisations spéciales, les travaux des chemins vicinaux devront être faits en régie, ces travaux seront exécutés sous la surveillance du maire ou de son délégué, avec l'assistance, autant que faire se pourra, d'un agent voyer.

Art. 205. Le maire pourra charger de la direction effective des ateliers un agent voyer, piqueur, cantonnier ou conducteur qui exercera les fonctions de régisseur.

Art. 206. Le régisseur devra tenir un carnet sur lequel seront journellement indiqués les divers ouvriers employés à l'atelier, le temps de leur présence, la nature et la quantité des travaux exécutés chaque jour.

Ce carnet devra être, chaque jour, visé et parafé par le maire.

Art. 207. Le régisseur dressera, à l'expiration de chaque mois, l'état de la dépense, en double expédition, et en fera la remise au maire qui après vérification et apposition de son visa sur chaque état, délivrera sur le receveur municipal, au nom du régisseur, un mandat du montant de la dépense.

Art. 208. Le régisseur opérera le payement des ouvriers en présence du maire; les états de dépense seront émargés par les parties prenantes : lorsque celles-ci ne sauront signer, le payement sera certifié par le maire.

L'un des doubles des états de dépenses sera remis au receveur municipal pour être annexé au mandat, l'autre sera déposé à la la mairie.

Art. 209. Lorsqu'il y aura nécessité le maire pourra faire remettre, par avance, au régisseur, les fonds nécessaires au payement des salaires journaliers, à charge d'en rendre compte et de produire des états émargés des parties prenantes.

SECTION VII. — *Nomination des cantonniers.*

Art. 210. Sur la demande des maires et des conseils municipaux, le rapport des agents voyers et l'avis du sous-préfet, nous autoriserons, s'il y a lieu, la nomination de cantonniers communaux pour l'entretien des chemins vicinaux.

Deux ou plusieurs communes pourront être autorisées à se réunir pour l'entretien d'un cantonnier.

Art. 211. Lorsque les cantonniers appartiendront à une seule commune, ils seront nommés par le maire, sous l'approbation du sous-préfet.

Lorsqu'ils appartiendront à une réunion de deux ou plusieurs communes, ils seront nommés par le sous-préfet, sur la présentation des maires.

Art. 212. Le traitement des cantonniers sera fixé par les conseils municipaux.

Les délibérations prises à cet effet seront soumises à notre approbation.

Toutefois le traitement des cantonniers nommés par le sous-préfet sera fixé par nous.

Chapitre III. — *Comptabilité des recettes et des dépenses relatives aux chemins.*

Art. 213. Les percepteurs-receveurs municipaux sont exclusivement chargés de toutes les recettes et de toutes les dépenses relatives aux chemins vicinaux. Le maire est l'ordonnateur de toutes ces dépenses, mais il ne peut en effectuer aucune par lui-même, et il lui est interdit de disposer, autrement que par des mandats sur les percepteurs-receveurs municipaux, des fonds affectés aux travaux des chemins vicinaux , quelle que soit l'origine de ces fonds.

Art. 214. Les recettes relatives au service des chemins vicinaux seront justifiées, savoir :

1° Celle du produit des centimes spéciaux et des centimes extraordinaires, par des extraits du rôle des contributions directes ou du rôle spécial, délivrés par le percepteur et visés par le maire de la commune;

2° Celle des prestations en nature, par le rôle même des prestations, dont le montant intégral sera porté en recette et en un seul article;

3° Celle des subventions spéciales par les arrêtés de fixation rendus par le conseil de préfecture ou par le préfet, selon que ces subventions auront été réglées dans la forme des expertises ou dans celle des abonnements;

4° Celle enfin des fonds provenant de souscriptions de particuliers ou d'association de particuliers, par le titre de souscription, appuyé de l'acceptation donnée par le préfet.

Art. 215. Les dépenses seront justifiées par la production des pièces ci-après savoir :

1° Pour les prestations fournies en nature :

I.   Le relevé émargé des journées ou des tâches effectuées en nature, tel qu'il est indiqué à l'article 77 ci-dessus, ledit relevé revêtu du certificat du maire attestant l'exécution des travaux ;

II. Les ordonnances de décharge ou de réduction revêtues du certificat du maire constatant leur émargement au rôle, et, s'il y a lieu, la quittance du remboursement aux prestataires des journées ou tâches qu'ils auraient indûment acquittées ;

2° Pour les travaux exécutés par entreprise :

I.   Une expédition du devis ou du détail estimatif ;

II. Une expédition du cahier des charges, du procès-verbal d'adjudication ou du marché, dûment approuvée ;

III. Le procès-verbal de réception définitive des matériaux ou des travaux, visé par le maire ;

IV. Les mandats du maire dûment acquittés.

3° Pour les travaux en régie :

I.   L'état d'indication des travaux, ou le devis, s'il en a été fait, et le détail estimatif ;

II. L'autorisation du sous-préfet ou du préfet, d'exécuter les travaux en régie, si, en raison du chiffre de la dépense, cette autorisation a dû être demandée ;

III. L'état des tâches ou des journées faites par les ouvriers salariés, lequel sera émargé par eux ou par deux témoins ;

IV. Les mémoires quittancés des fournitures de matériaux ;

V.   Les mandats du maire délivrés au nom du régisseur ou du chef d'atelier.

4° Pour les indemnités relatives aux acquisitions de terrains :

S'il y a eu cession à l'amiable par les propriétaires,

I.   L'arrêté préfectoral qui prescrit l'ouverture, le redressement ou l'élargissement ;

II. Une expédition de l'acte de cession à l'amiable ;

4

III. Un certificat de non-inscription, si l'indemnité est de 100 francs et au-dessus en matière d'élargissement, ou au-dessus de 500 francs en matière d'ouverture ou de redressement;

IV. Délibération du conseil municipal dûment approuvée, dispensant de la purge des hypothèques, si l'indemnité est de moins de 100 fr. en matière d'élargissement et de 500 fr. en matière d'ouverture et de redressement;

V. Un certificat de non-inscription si l'indemnité n'atteignant pas les sommes ci-dessus indiquées, le conseil municipal n'a pas cru devoir dispenser de la purge des hypothèques, ou si la délibération tendant à la dispense n'a pas été approuvée;

VI. Les mandats du maire dûment acquittés.

Si, à défaut de cession à l'amiable pour les propriétaires des terrains nécessaires à l'élargissement, l'indemnité a été réglée par le juge de paix (art. 15 de la loi),

I. L'arrêté préfectoral qui prescrit l'élargissement;

II. La décision du juge de paix, ou le jugement du tribunal s'il y a eu appel de la sentence du juge de paix;

III. Un certificat de non-inscription, si l'indemnité est de 100 francs et au-dessus;

IV. Délibération du conseil municipal, dûment approuvée, dispensant de la purge des hypothèques, si l'indemnité est de moins de 100 francs;

V. Un certificat de non-inscription, si l'indemnité n'atteignant pas 100 francs, le conseil municipal n'a pas cru devoir dispenser de la purge des hypothèques, ou si la délibération tendant à la dispense n'a pas été approuvée;

VI. Les mandats du maire dûment acquittés.

Si, à défaut de cession à l'amiable par les propriétaires, il a fallu recourir à l'expropriation pour cause d'utilité publique (art. 16 de la loi).

I. L'arrêté préfectoral qui prescrit les travaux d'ouverture ou de redressement;

II. Un extrait du jugement d'expropriation et de la décision du jury fixant le chiffre de l'indemnité ;

III. Un certificat de non-inscription, si l'indemnité est de 500 francs et au-dessus ;

IV. Délibération du conseil municipal, dûment approuvée, dispensant de la purge des hypothèques, si l'indemnité est de moins de 500 francs ;

V. Un certificat de non-inscription, si, l'indemnité n'atteignant pas 500 francs, le conseil municipal n'a pas cru devoir dispenser de la purge des hypothèques, ou si la délibération tendant à la dispense n'a pas été approuvée ;

VI. Les mandats du maire dûment acquittés.

Ou, enfin, si les propriétaires ont consenti à l'occupation des terrains, sauf règlement ultérieur des indemnités par le jury.

I. L'arrêté qui prescrit l'ouverture ou le redressement ;

II. L'acte par lequel les propriétaires déclarent consentir à l'occupation des terrains, sauf règlement ultérieur des indemnités ;

III. Un extrait de la décision du jury fixant le chiffre de l'indemnité ;

IV. Un certificat de non-inscription si l'indemnité est de 500 francs et au-dessus ;

V. Délibération du conseil municipal, dûment approuvée, dispensant de la purge des hypothèques, si l'indemnité ne dépasse pas 500 francs ;

VI. Un certificat de non-inscription, si l'indemnité, n'atteignant pas 500 francs, le conseil municipal n'a pas cru devoir dispenser de la purge des hypothèques ou si la délibération tendant à la dispense n'a pas été approuvée ;

VII. Les mandats du maire dûment acquittés.

5° Pour les indemnités relatives, soit à des extractions de matériaux, soit à des dépôts ou enlèvement de terre, soit à des occupations temporaires de terrains (art. 17 de la loi) :

Si l'indemnité a pu être fixée à l'amiable,

I. L'arrêté préfectoral qui autorise les extractions des matériaux ou les occupations temporaires de terrains.

II. L'accord fait entre l'administration et le propriétaire, accepté par le conseil municipal et approuvé par le préfet;

III. Les mandats du maire dûment acquittés.

Si l'indemnité n'a pu être réglée à l'amiable,

I. L'arrêté préfectoral qui autorise les extractions de matériaux ou les occupations temporaires de terrains;

II. L'arrêté du conseil de préfecture qui a fixé l'indemnité;

III. Les mandats du maire dûment acquittés.

6° Pour le contingent de la commune dans les travaux des chemins vicinaux de grande communication, si le contingent a été acquitté, en argent, en tout ou en partie :

I. La notification, faite par le préfet, du montant de ce contingent;

II. Le mandat délivré par le maire, au profit du receveur général des finances, auquel sera joint le récépissé à talon de ce comptable.

Le tout sans préjudice de la justification des titres des parties, suivant les cas.

Art. 216. Toutes les dépenses autres que celles énumérées en l'article précédent seront justifiées comme il est prescrit par les règlements sur la comptabilité communale.

Chapitre. IV. — *Des chemins vicinaux d'intérêt commun.*

Art. 217. Lorsqu'un chemin vicinal sera reconnu par nous intéresser plusieurs communes, il sera classé par un arrêté spécial, comme chemin vicinal d'intérêt commun.

Art. 218. Un arrêté pris par nous, les conseils municipaux des communes préalablement entendus, désignera celles de ces communes qui devront contribuer à sa construction ou à son entretien, et fixera la proportion dans laquelle chacune d'elles y contribuera.

Art. 219. Le conseil municipal sera mis en demeure, comme en matière de chemins vicinaux de grande communication, de voter les ressources nécessaires au payement du contingent assigné à la commune dans les limites fixées par la loi.

Art. 220. Les fonds provenant des contingents communaux et toutes les autres ressources communales applicables à ces chemins seront centralisés à la caisse du receveur des finances, au titre des cotisations municipales, conformément à la circulaire du ministre de l'intérieur, du 12 novembre 1847.

Les dépenses seront mandatées directement par nous sur la caisse du susdit receveur.

Art. 221. Les journées de prestation seront surveillées et exécutées, suivant les règles tracées pour les chemins vicinaux de grande communication ci-après.

Art. 222. Les dispositions du présent règlement, relatives aux travaux à exécuter, par voie d'adjudication, de marché ou de régie sur les chemins vicinaux de grande communication, sont également déclarées applicables aux chemins vicinaux d'intérêt commun.

TITRE IV. — DISPOSITIONS SPÉCIALES AUX CHEMINS VICINAUX DE GRANDE COMMUNICATION.

CHAPITRE Ier. — Classement et déclassement des chemins vicinaux de grande communication.

SECTION Ire. — Classement.

Art. 223. Lorsque, par suite de son importance et de son utilité pour les relations agricoles et commerciales du pays, un chemin vicinal de petite communication, déjà existant, nous paraîtra devoir être érigé en chemin vicinal de grande communication, nous chargerons l'agent voyer en chef de la rédaction du projet de restauration ou de rectification de ce chemin.

Art. 224. L'agent voyer en chef s'aidera, pour l'étude et la rédaction de ce travail, du concours des maires des communes intéressées, soit en ce qui concerne la fixation de la direction définitive dudit chemin, soit par rapport à la largeur à y donner, à la nature et aux dimensions des ouvrages d'art qu'il y aurait lieu d'y exécuter.

Le projet indiquera, aussi approximativement que possible, la dépense de l'ensemble des travaux.

Art. 225. Le projet, ainsi rédigé, sera transmis par nous, s'il y a lieu, au sous-préfet de l'arrondissement, qui le fera communiquer, par extrait ou analyse, aux conseils municipaux des communes intéressées, lesquels devront émettre leur avis tant sur le classement proposé que sur la direction du chemin à ériger, et sur la désignation des communes qui devraient contribuer à sa construction et à son entretien. Les délibérations des conseils municipaux seront, aussitôt après qu'elles auront été prises, adressées par les maires, et en double minute, au sous-préfet, qui les réunira, les examinera et les fera compléter ou régulariser, s'il y a lieu.

Art. 226. Le sous-préfet mettra lesdites délibérations et le projet lui-même, ainsi que tous les autres documents y relatifs, sous les yeux du conseil d'arrondissement, lors de sa plus prochaine session, pour que ce conseil émette également son avis sur les questions examinées par les conseils municipaux.

Art. 227. Dès que les diverses pièces mentionnées en l'article précédent et l'avis du sous-préfet nous seront parvenus, nous examinerons s'il y a lieu, de notre part, de proposer au conseil général du département le classement dudit chemin au nombre des chemins vicinaux de grande communication.

Art. 228. Sur notre proposition, le conseil général prononcera, s'il y a lieu, le classement du chemin et fixera la direction. Sur le vu de la délibération prise par cette assemblée, nous fixerons, par un arrêté spécial, la largeur et les limites de ce nouveau chemin vicinal de grande communication, et nous déterminerons annuellement, ainsi qu'il sera dit ci-après (art. 234), la proportion dans laquelle chaque commune devra contribuer à la dépense des travaux.

Art. 229. Si la voie de communication à ériger en chemin vicinal de grande communication n'existait pas déjà, et qu'il y eût nécessité d'en autoriser l'ouverture, il y aurait lieu de remplir les formalités prescrites en matière d'expropriation.

SECTION II. — *Déclassement.*

Art. 230. Lorsqu'il nous paraîtra y avoir lieu de provoquer, près du conseil général du département, le déclassement d'un chemin vicinal de grande communication, les conseils municipaux de toutes les communes intéressées à ce chemin seront entendus ; le conseil d'arrondissement sera également appelé à émettre son avis.

Toutes les délibérations intervenues nous seront transmises avec l'avis du sous-préfet.

Art. 231. Si l'examen des documents indiqués en l'article précédent nous paraît démontrer l'inutilité du chemin, nous soumettrons la proposition de déclassement au conseil général.

Art. 232. Il serait procédé de même, dans le cas où un chemin vicinal n'aurait été déclaré de grande communication que sur des offres de concours qui viendraient à n'être pas réalisées.

CHAPITRE II. — *Création et réalisation des ressources.*

SECTION Iʳᵉ. — *Fixation des contingents communaux.*

Art. 233. Chaque année, avant le 1ᵉʳ avril, l'agent voyer en chef nous remettra un état sommaire des travaux neufs et de ceux de réparation et d'entretien à exécuter dans le courant de l'année suivante sur chacun des chemins vicinaux de grande communication, ainsi que ses propositions sur la fixation du contingent à demander à chacune des communes intéressées à ces chemins.

Art. 234. Des extraits de ce travail seront envoyés par nous aux sous-préfets, qui les examineront et nous les renverront aussitôt avec leurs propositions.

Sur le vu de ces documents, nous répartirons la dépense à faire sur chaque chemin entre les communes intéressées à ce chemin.

Les contingents seront toujours évalués en argent, dans les limites du maximum fixé par l'article 8 de la loi, si les communes sont obligées de recourir aux ressources spéciales créées par la loi du 21 mai 1836, mais ils pourront, aux termes du même article, être fournis, soit en argent, soit en prestations en nature calculées suivant la valeur donnée par le conseil général à chaque espèce de journées.

Art. 235. Un extrait de l'arrêté portant répartition du contingent sera notifié au maire de chaque commune intéressée, pour être mis, dans la session de mai, sous les yeux du conseil municipal, qui en délibérera et votera les ressources nécessaires à l'acquittement de ce contingent.

En cas de refus ou de négligence de la part du conseil municipal d'obtempérer à cette obligation, il sera procédé ainsi qu'il est dit aux articles 85 à 93 ci-dessus.

SECTION II. — *Concours volontaire des communes et des particuliers.*

Art. 236. Lorsqu'une commune aura intérêt soit à ce que les travaux d'un chemin vicinal de grande communication soient commencés, soit à ce que ces travaux prennent une plus grande activité, et que, pour obtenir ce résultat, elle croira pouvoir offrir un concours qui dépasse le contingent qui lui aura été assigné, son offre devra être faite par délibération du conseil municipal prise dans les formes légales.

Si l'offre de concours doit être réalisée au moyen d'allocations sur les revenus communaux, les imposés ne devront pas être appelés à délibérer ; si elle ne peut être réalisée qu'au moyen d'une imposition extraordinaire, les plus imposés devront être convoqués.

Art. 237. Lorsque les offres de concours devront être réalisées au moyen d'allocations sur les revenus communaux, la délibération sera approuvée par nous. Si les offres de concours ne peuvent être réalisées qu'au moyen d'impositions extraordinaires, ces impositions ne pourront être autorisées que par décret impérial.

Art. 238. Les fonds provenant des offres de concours volontaires des communes ne pourront être employés que sur les chemins en vue desquels ils auront été offerts.

Art. 239. Lorsque des particuliers auront intérêt soit à ce que
les travaux d'un chemin vicinal de grande communication soient
commencés, soit à ce que ces travaux prennent une plus grande
activité, et que, pour obtenir ce résultat, ils croiront devoir
offrir un concours spécial, soit en argent, soit en fournitures de
matériaux, soit en cession de terrains, leurs offres devront être
consignées à la suite d'un mémoire qui indique, d'une manière
précise, non-seulement la nature et la quotité de ces offres et
les époques auxquelles elles seront réalisées, mais encore les
conditions qui y seront mises.

Art. 240. Après examen des offres et des conditions auxquelles
elles seront faites, nous déclarerons, s'il y a lieu, que nous ac-
ceptons les offres, et notre acceptation sera notifiée aux parties
intéressées, ainsi qu'au receveur général du département.

Art. 241. Les sommes offertes et acceptées par nous seront
recouvrées par les soins du receveur général du département,
et encaissées au compte du chemin vicinal de grande communication en vue duquel elles ont été offertes; elles ne pourront être
employées que sur ce même chemin.

Art. 242. Le recouvrement des offres faites et dûment acceptées sera poursuivi administrativement, sauf recours des parties
devant le conseil de préfecture.

Art. 243. Si les offres sont faites non par un seul particulier,
mais par une réunion de propriétaires, ceux-ci devront signer
individuellement les listes de souscription indiquant leurs offres.

SECTIONS III. — *Subventions départementales.*

Art. 244. Lorsque le conseil général du département aura voté
au budget départemental les fonds qu'il croira pouvoir affecter
aux besoins du service vicinal, soit au moyen de prélèvements
sur les centimes facultatifs, soit par le vote de centimes spéciaux,
soit enfin par le vote de centimes extraordinaires ou d'un em-
prunt, et que le vote du conseil général sera devenu définitif par
l'approbation du budget pour les deux premières natures de
ressources, et par une autorisation législative pour la troisième,
nous opérerons, aussitôt après la réception du budget approuvé.

la répartition des subventions départementales entre les divers chemins vicinaux de grande communication qui devront y prendre part.

Cette répartition, basée sur l'importance des travaux à exécuter dans le cours de l'année à laquelle elle s'appliquera, sera opérée en ayant égard aux ressources, aux sacrifices et aux besoins des communes, comme le veut l'article 8 de la loi.

Nous prendrons également en considération, pour cette répartition, les offres de concours volontaires qui auraient été faites, tant par les communes, en dehors de leurs contingents obligatoires, que par des particuliers ou associations de particuliers.

CHAPITRE III. — *Centralisation et mandatement des ressources applicables aux chemins vicinaux de grande communication.*

Art. 245. Toutes les ressources en argent, autres que les subventions départementales, soit qu'elles proviennent de ressources ordinaires des communes, de centimes spéciaux communaux, d'impositions communales extraordinaires, de prestations converties en argent, de subventions spéciales prévues par l'article 14 de la loi, ou enfin de souscriptions volontaires de particuliers ou d'associations de particuliers, et destinées aux chemins vicinaux de grande communication, seront recouvrées par le receveur général du département, d'après des états rendus exécutoires par nous.

Art. 246. Ces ressources seront imputées au compte des *produits éventuels du département*, et conserveront leur spécialité sous le titre de *contingents des chemins vicinaux de grande communication*, pour les lignes auxquelles elles auront été affectées par les votes, offres ou décisions qui les auront créées ou réglées.

CHAPITRE IV. — *Exécution des travaux.*

SECTION Ire. — *Dispositions générales.*

Art. 247. Les travaux de toute nature à faire sur les chemins vicinaux de grande communication s'exécuteront sous notre autorité immédiate et la surveillance et la direction des agents voyers, sous les réserves qui seront faites ci-après à l'égard des travaux de prestation.

Des décisions spéciales détermineront, lorsqu'il y aura lieu, l'action que MM. les sous-préfets auront à exercer sur cette partie du service.

Art. 248. Les travaux de toute nature à faire sur les chemins vicinaux de grande communication seront l'objet de projets et devis rédigés par les agents voyers, et ne seront exécutés qu'après leur approbation par nous.

Les projets et devis seront accompagnés de plans, quand l'importance des travaux l'exigera, et ils indiqueront les terrains et les carrières d'où les matériaux devront être extraits.

Les projets indiqueront les parties de travaux qui ne pourront, être exécutées au moyen de la prestation en nature, et celles qui ne pourront, en raison de leur nature, être exécutées qu'à prix d'argent.

SECTION II. — *Travaux de prestation en nature.*

Art. 249. Un arrêté rendu par nous, sur le rapport de l'agent voyer en chef, déterminera le jour de l'ouverture des travaux de prestation sur chaque chemin vicinal de grande communication.

Cet arrêté sera publié dans chaque commune par les soins du maire.

Art. 250. A l'époque fixée pour l'exécution des travaux de prestation en nature sur les chemins vicinaux de grande communication, l'agent voyer se transportera dans chaque commune et se concertera avec le maire qui devra lui remettre la liste nominative des prestataires qui devront fournir soit des journées, soit des tâches.

Art. 251. Aussitôt après, le maire adressera aux prestataires les réquisitions prescrites par l'article 138 ci-dessus.

Art. 252. Les travaux de prestations sur les chemins vicinaux de grande communication, soit en journées soit en tâches, s'exécuteront comme il est dit aux articles 139 à 173 du présent règlement, lesquels sont déclarés applicables à ces travaux.

Toutefois la direction matérielle des travaux appartiendra, sous notre autorité, à l'agent voyer, qui devra se trouver présent sur les ateliers, le maire n'ayant qu'à veiller à ce que chaque prestataire remplisse ses obligations.

Art. 253. Lorsque les travaux de prestation en nature à faire sur les chemins vicinaux de grande communication seront terminés, l'agent voyer qui aura été chargé de leur direction délivrera aux prestataires leur certificat de libération.

Art. 254. Si les travaux de prestation qu'une commune devait faire effectuer sur un chemin vicinal de grande communication n'avaient pas été exécutés dans le délai par nous fixé, ou bien s'ils n'avaient été exécutés qu'en partie et d'une manière défectueuse, il nous en serait rendu compte par l'agent voyer en chef, pour, par nous, y être avisé à ce que de droit.

Art. 255. Les prestations qu'une commune aura à fournir sur un chemin vicinal de grande communication pourront, sur la proposition du maire et notre consentement, être converties en fournitures d'une quantité convenue de matériaux bruts ou cassés, rendus sur place, ou à prendre dans un lieu déterminé, et que le maire fera livrer par les prestataires, conformément aux conventions ainsi arrêtées.

Dans ce cas, nous ferons connaître au maire l'époque où la livraison devra avoir lieu, assez tôt pour que les prestataires puissent être prévenus quinze jours d'avance par publication et huit jours d'avance par réquisitions individuelles.

Art. 256 Les matériaux approvisionnés en vertu de l'article précédent, pourront, sur notre autorisation, être remis à l'adjudicataire des travaux à faire à prix d'argent, lequel devra les recevoir au prix de son marché. La remise lui en sera faite par le maire de la commune, en présence de l'agent voyer d'arrondissement, mais seulement après que ces matériaux auront été reçus des prestataires, afin d'éviter toute difficulté entre ces derniers et l'adjudicataire.

Il sera dressé procès-verbal de cette remise, pour la décharge de la commune, et ce procès-verbal nous sera transmis pour être annexé aux pièces justificatives du compte des travaux exécutés sur le chemin.

SECTION III. — *Travaux à faire par voie d'adjudication.*

Art. 257. Les travaux à exécuter à prix d'argent sur les chemins vicinaux de grande communication devront toujours, à moins d'impossibilité absolue, être adjugés au rabais, par voie de soumission cachetée.

Toutefois, il pourra être fait exception à cette règle, soit pour les travaux d'une valeur au-dessous de 1,000 francs, soit pour ceux qui, ayant une valeur de 1,000 francs et au-dessus, auraient été l'objet de deux tentatives infructueuses d'adjudication.

Art. 258. Les travaux d'entretien pourront, dans des cas d'exception que nous déterminerons, être exécutés en régie, sous la surveillance et la direction des agents voyers.

Art. 259. Il sera dressé par nous un cahier des charges générales relatives aux adjudications de travaux concernant les travaux des chemins vicinaux de grande communication. Les clauses spéciales à chaque adjudication seront également arrêtées par nous.

Art. 260. Lorsqu'une adjudication devra comprendre tous les travaux de même nature à effectuer dans toute l'étendue du département, ou seulement dans plusieurs arrondissements, elle sera passée par nous en conseil de préfecture, avec l'assistance de deux membres du conseil général et celle de l'agent voyer en chef.

Lorsqu'une adjudication ne devra comprendre que les travaux à faire dans un seul arrondissement, elle sera passée par le sous-préfet, avec l'assistance d'un membre du conseil d'arrondissement et celle de l'agent voyer de l'arrondissement.

Les membres du conseil général et ceux des conseils d'arrondissement qui seront appelés à assister aux adjudications seront désignés par nous.

Art. 261. Les adjudications se feront par ligne vicinale, sauf la division par lots dans chaque ligne, si l'importance des travaux l'exige.

Art. 262. Les adjudications seront faites dans les formes prescrites par les articles 183 à 194 du présent règlement.

SECTION. IV. — *Travaux par voie de marché.*

Art. 263. Lorsque, en raison du montant des devis (art. 257), ou bien parce que deux tentatives d'adjudication sont restées infructueuses, il y aura lieu de faire exécuter les travaux par voie de marchés, les marchés seront passés par nous pour l'arrondissement chef-lieu, et par les sous-préfets dans les autres arrondissements.

Les marchés contiendront l'engagement par l'entrepreneur d'exécuter les travaux portés au devis, moyennant une somme fixée, qui, dans aucun cas, ne pourra excéder le devis, et dans un délai déterminé, passé lequel le soumissionnaire s'obligera à payer au profit de la ligne vicinale des dommages-intérêts qui seront réglés par le marché lui-même.

Ceux de ces marchés qui seront passés par les sous-préfets devront être soumis à notre approbation.

L'article 195 du présent règlement est applicable aux marchés.

SECTION V. — *Surveillance et réception des travaux.*

Art. 264. Les travaux qui se feront par voie d'adjudication ou de marché seront surveillés par les agents voyers.

Art. 265. L'article 197 du présent règlement est applicable aux travaux des chemins vicinaux de grande communication, sauf la substitution de notre autorité à celle du maire pour les actes à exercer contre les entrepreneurs.

Art. 266. La réception des travaux sera faite par les agents voyers, en présence de l'adjudicataire, ou lui dûment appelé.

Le procès-verbal sera signé des personnes présentes; il sera soumis à l'acceptation de l'entrepreneur, qui, s'il y a des observations à présenter, devra les remettre dans les dix jours de la notification de ce document.

Lorsque le procès-verbal aura pour objet une réception définitive, il sera soumis à notre approbation.

Art. 267. Le payement des entrepreneurs aura lieu sur nos mandats, d'après les règles suivies pour les travaux des routes départementales.

SECTION VI. — *Travaux en régie.*

Art. 268. Lorsque nous aurons autorisé l'exécution des travaux en régie, le régisseur sera présenté à notre choix par l'agent voyer en chef, qui veillera, sous sa responsabilité personnelle, à l'exécution des formalités prescrites pour la justification des dépenses.

Ces formalités seront les mêmes que celles applicables au service des routes départementales.

SECTION VII. — *Travaux d'entretien.*

Art. 269. Lorsqu'un chemin vicinal de grande communication sera terminé en tout ou partie, et mis en bon état de viabilité, il pourra être établi, pour son entretien, des cantonniers qui seront employés sous la direction et la surveillance des agents voyers.

Art. 270. Les cantonniers seront nommés et leur traitement sera fixé par nous, sur la proposition de l'agent voyer en chef. Leur salaire sera payé sur les fonds affectés au chemin, et leur service sera réglé par un arrêté spécial.

CHAPITRE V. — *Mandatement et justification des dépenses.*

Art. 271. Toutes les dépenses relatives au service des chemins vicinaux de grande communication seront mandatées par nous sur la caisse du payeur du département par assimilation aux dépenses départementales proprement dites. Il en sera de même pour les indemnités de terrains qui seraient, par exception, dans le cas d'être soldées sur les fonds applicables aux travaux des chemins.

Art. 272. Les dépenses relatives aux chemins vicinaux de grande communication seront justifiées dans les formes prescrites par les règlements, pour celles relatives aux routes départementales.

Art. 273. Les comptes de l'emploi des ressources de toute nature, produits par les agents voyers, en fin d'exercice, pour chaque chemin vicinal de grande communication, après avoir été vérifiés et arrêtés par nous, seront soumis au conseil général, avec un résumé de l'ensemble des travaux.

Lorsque ces comptes auront été examinés par le conseil général, le résumé en sera imprimé et adressé aux maires des communes intéressées, ainsi que, s'il y a lieu, aux associations de souscripteurs.

Chapitre VI. — *Commission de surveillance.*

Art. 274. Il pourra être formé par nous, soit pour chaque chemin vicinal de grande communication, soit pour les chemins vicinaux de grande communication de tout un arrondissement, une commission de surveillance composée de membres du conseil général et du conseil d'arrondissement, de maires et de propriétaires et industriels les plus intéressés au bon état des chemins.

Art. 275. Lorsqu'un chemin vicinal de grande communication se trouvera situé sur deux arrondissements, ou aura une étendue trop considérable pour être facilement surveillée par une seul commission, il pourra être divisé en deux parties, qui seront confiées chacune à une commission distincte.

Art. 276. Chaque commission nommera son président et son secrétaire, et déterminera le lieu habituel des réunions.

Lorsque le sous-préfet assistera aux séances, il aura la présidence.

Les agents voyers en chef et d'arrondissement pourront assister aux séances avec voix consultative.

Art. 277. Les commissions, lorsque nous le jugerons utile, seront appelées à donner leur avis sur les projets rédigés par les agents voyers, pour les travaux neufs et les ouvrages d'art.

Elles pourront être consultées sur la proportion d'après laquelle la dépense sera répartie entre les communes.

Elles surveilleront les cantonniers et signaleront au sous-préfet ceux qui ne rempliraient pas leur devoir.

Elles désigneront un ou plusieurs de leurs membres pour assister à la réception des ouvrages exécutés par entreprise, ainsi qu'à celle des matériaux fournis par des entrepreneurs ou au moyen de prestations. Les agents voyers chargés de ces réceptions préviendront, à l'avance, les délégués de la commission du moment où elles auront lieu ; ils feront mention, dans leurs procès-verbaux, des observations des commissaires, et inviteront ceux-ci à les signer. Il sera procédé, par l'agent voyer, en l'absence des commissaires, si ceux-ci, dûment avertis, ne se présentent pas.

Art. 278. Les commissions se réuniront dans les trois premiers mois de l'année, pour présenter leurs observations sur l'état des chemins et sur les améliorations les plus urgentes à y faire. Ces observations seront dressées aux sous-préfets.

Dans cette première séance, les commissions régleront le service de l'année, en désignant les commissaires chargés spécialement de veiller à la bonne confection des ouvrages d'art et d'assister aux réceptions. Ces commissaires pourront se mettre en relation directe avec les sous-préfets et les agents voyers, afin de signaler plus promptement les malfaçons et les retards apportés dans l'exécution des travaux, ainsi que les améliorations dont ils pourraient être l'objet.

Les autres réunions de chacune des commissions de surveillance auront lieu aux époques qu'elle aura elle-même déterminée à l'avance ou sur la convocation du président.

Art. 279. Les commissions de surveillance s'appliqueront à former des liens naturels entre les communes et les particuliers intéressés à chaque chemin, ainsi qu'à faire naître et entretenir l'esprit d'association qui peut surtout amener une prompte amélioration des chemins vicinaux de grande communication. Elles provoqueront la réalisation de souscriptions en argent et en nature, chercheront à obtenir, autant que faire se pourra, les cessions gratuites de terrains et de matériaux nécessaires pour l'établissement et pour l'entretien des chemins confiés à leur surveillance, et useront de leur influence pour applanir les difficultés de toute nature auxquelles pourraient donner lieu le tracé de ces chemins, leur conservation et l'exécution des travaux.

Art. 280. Les chemins vicinaux de grande communication étant placés, par l'article 9 de la loi du 21 mai 1836, sous notre autorité, les commissions ou leurs délégués ne pourront prescrire directement aucune modification aux projets adoptés, ni donner aux agents chargés de leur exécution aucun ordre direct.

TITRE V. — DISPOSITIONS RELATIVES A LA CONSERVATION DES CHE- MINS ET A LA COMMODITÉ DU PASSAGE.

CHAPITRE Ier. — *Alignements et autorisations de construire.*

Art. 281. Il est interdit de construire, de reconstruire ou réparer aucune maison, aucun bâtiment, mur ou clôture, de quelque nature que ce soit, d'ouvrir des fossés, de planter des arbres ou des haies, le long et joignant les chemins vicinaux, sans en avoir demandé et obtenu l'autorisation.

Art. 282. Toute demande d'autorisation de construire, reconstruire ou réparer une maison, un bâtiment, mur ou clôture, d'ouvrir des fossés, de planter des arbres ou des haies, le long et joignant les chemins vicinaux, devra être présentée en double expédition dont l'une sur papier timbré.

Art. 283. Les autorisations, en ce qui concerne les chemins vicinaux ordinaires et d'intérêt commun, seront données par le maire assisté d'un agent voyer.

Art. 284. Dans aucun cas, les autorisations données par les maires ne le seront verbalement ; elles devront faire l'objet d'un arrêté qui sera transcrit au registre des arrêtés du maire, et dont une expédition sera remise aux parties intéressées.

Art. 285. Les autorisations données par les maires ne seront définitives qu'après approbation du sous-préfet, qui examinera si la largeur légale du chemin a été respectée.

Dans le cas où, pour déterminer l'alignement, une opération graphique serait nécessaire, l'agent voyer de l'arrondissement sera préalablement consulté. Le plan où cette opération graphique sera indiquée devra être annexé à l'arrêté du maire, lorsque l'alignement sera donné sur un chemin d'intérêt commun, ou même sur un chemin ordinaire carrossable.

Art. 286. Les autorisations de construire, reconstruire ou réparer, le long et joignant les chemins vicinaux de grande communication ainsi que dans les traverses des bourgs et villages qui sont la continuation de ces chemins, seront données par nous, sur le rapport des agents voyers et l'avis des maires et du sous-préfet de l'arrondissement, ou par le sous-préfet lui-même, lorsque nous lui aurons délégué pouvoir à cet effet.

Art. 287. Dans les traverses pour lesquelles il existe des plans dressés, en exécution de l'article 52 de la loi du 16 septembre 1807, les alignements seront donnés conformément à ces plans.

Art. 288. Les agents voyers dresseront, successivement les plans de toutes les traverses des chemins vicinaux de grande communication, autres que celles désignées en l'article précédent et y traceront, conformément à nos instructions, un projet d'alignement général, approprié aux besoins de la localité et à ceux de la circulation.

Ces plans et projets seront déposés pendant un mois à la mairie de la commune; les habitants seront invités, par publications et affiches, à venir en prendre connaissance; un registre sera ouvert pendant le mois du dépôt, pour recevoir leurs réclamations et observations, le conseil municipal en délibérera, et l'ensemble de ces documents nous sera transmis par le sous-préfet, avec son avis et celui de l'agent voyer de l'arrondissement, pour y être statué par nous.

Les plans, approuvés par nous, serviront de base aux alignements que nous aurons à donner.

Art. 289. Lorsque les chemins vicinaux soit de grande communication, soit de petite communication, auront leur largeur légale, les alignements à donner pour constructions ou reconstructions seront donnés de manière à ce que l'impétrant puisse construire sur la limite séparative de sa propriété et du chemin.

Lorsque ces chemins n'auront pas leur largeur légale, les alignements pour constructions et reconstructions seront délivrés de manière à donner aux chemins cette largeur, sauf règlement de l'indemnité due pour la valeur du sol à incorporer au chemin, si les propriétaires ne consentent pas à l'abandon gratuit de ce sol.

Lorsque les chemins auront plus que la largeur légale, les propriétaires riverains pourront être autorisés, par mesure d'alignement, à avancer leurs constructions jusqu'à l'extrême limite de cette largeur, sauf par eux à payer à la commune la valeur du sol qui leur sera ainsi concédé. Cette valeur sera réglée, soit à l'amiable entre les propriétaires et l'administration, soit à dire d'experts, par application de l'article 19 de la loi.

Art. 290. Toutes les fois que des constructions nouvelles auront été autorisées le long et joignant les chemins vicinaux, les portes en seront disposées de manière à ce qu'elles ne s'ouvrent pas en dehors sur le sol de la voie vicinale. Les toits devront être élevés à 4 mètres au moins du sol, afin de ne point gêner la circulation des voitures chargées.

Ces constructions pourront d'ailleurs être défendues par des bornes ayant au plus 50 centimètres de hauteur et 33 centimètres de saillie.

Art. 291. Les clôtures en terre, gazons ou pierres sèches, ne pourront être placées à moins de 50 centimètres du bord extérieur du fossé ou de la limite du chemin, afin de prévenir les éboulements qui pourraient combler les fossés ou entraver la circulation.

Art. 292. Lorsqu'une demande en autorisation de travaux à faire à des constructions existantes, le long et joignant des chemins vicinaux qui n'auront pas encore leur largeur légale, aura pour objet des réparations à faire au mur de face, dans la hauteur du rez-de-chaussée, il sera examiné si ces réparations doivent avoir pour effet de consolider ce mur de face. Dans le cas de l'affirmative, l'autorisation ne pourra être accordée qu'exceptionnellement.

Art. 293. Lorsqu'un chemin vicinal n'aura pas encore sa largeur légale, et que les propriétaires de constructions bordant ce chemin feront volontairement démolir leurs bâtiments ou murs, ou lorsqu'ils seront contraints de les démolir pour cause de vétusté et de péril, ils n'auront droit à indemnité que pour la valeur du sol qu'ils délaisseront à la voie publique. Ils n'auront droit à indemnité pour la valeur des édifices ou murs que dans le cas où l'autorité en exigerait la démolition, dans le seul but de donner à la voie publique sa largeur légale.

Art. 294. Les personnes autorisées à faire des constructions le long des chemins vicinaux ne pourront, à moins de nécessité, embarrasser la voie publique du dépôt de leurs matériaux; elles feront mention dans leurs demandes d'autorisation du besoin qu'elles ont d'occuper une partie du sol du chemin. La permission qui leur sera donnée prescrira de laisser libres les deux tiers au moins de la voie publique.

Art. 295. Lorsqu'une construction sise le long d'un chemin vicinal menacera ruine et que la conservation en serait dangereuse pour la sûreté publique, le péril sera constaté par un rapport d'un homme de l'art, qui sera communiqué au propriétaire avec injonction de démolir. Dans le cas où le propriétaire contesterait l'état de péril, il sera procédé à une expertise contradictoire, dans la forme prescrite par les déclarations du roi, en date de 1729 et 1730.

- Toutefois, en cas de péril imminent, la démolition d'office des constructions pourra être ordonnée d'urgence.

Dans le cas de démolition pour cause de péril, aucune indemnité n'est due au propriétaire pour la valeur des constructions. Il n'en serait dû que pour la valeur du sol qui serait abandonné à la voie publique.

Chapitre II. — *Plantations.*

section 1re. — *Plantations d'arbres.*

Art. 296. A dater de la publication du présent règlement, les propriétaires riverains des chemins vicinaux ne pourront faire aucune plantation d'arbres, même dans leurs propriétés closes, sans, au préalable, avoir demandé et obtenu alignement.

Il est fait exception à cette obligation pour les plantations que les propriétaires se proposeraient de faire sur leurs terres, à plus de trois mètres en arrière du bord des fossés ou de la limite légale des chemins.

Art. 297. Les alignements pour plantation d'arbres seront donnés par les maires pour les chemins vicinaux de petite communication ou d'un intérêt commun, et par les sous-préfets pour les chemins vicinaux de grande communication.

Art. 298. Aucune plantation d'arbres ne pourra être effectuée

sur les bords des chemins vicinaux qu'en observant les distances
ci-après, qui seront calculées à partir de la limite intérieure, soit
des chemins, soit des fossés, soit des talus qui la borderaient.

Pour les pommiers, poiriers et autres arbres formant parasol
à 2 m. 0 c.

Pour les arbres, tels, qu'ormes, peupliers, etc., qui croissent
en forme pyramidale à 2 m. 0 c.

Pour les joncs marins et bois taillis, à 0 m. 50 c.

Art. 299. La distance des arbres entre eux ne pourra être infé-
rieure à 5 m. 0 c., ils ne pourront être plantés en face les uns
des autres, mais devront être en quinconce, et de manière à ce
que chaque arbre d'une rangée corresponde au milieu des deux
arbres de l'autre rangée.

Art. 300. Les plantations faites antérieurement à la publication
du présent règlement, à des distances moindres que celles ci-dessus, pourront être conservées, mais elles ne pourront être renouvelées qu'à la charge d'observer les distances prescrites par
les deux articles précédents.

Art. 301. Tous les chemins vicinaux qui traversent un terrain
communal, seront, autant que possible, plantés de chaque côté,
en observant les distances ci-dessus prescrites.

Art. 302. Les communes pourront faire planter des arbres sur
les terrains vagues existant entre les chemins vicinaux et les
propriétés particulières, ou sur les terrains qui seront distraits
du sol actuel de ces chemins par leur réduction à la largeur légale, et dont l'aliénation n'aurait pas eu lieu.

Les plantations de cette nature ne pourront être effectuées
qu'en observant, relativement aux chemins, les distances prescrites par les articles ci-dessus, et relativement aux propriétés
riveraines, les distances voulues par l'article 671 du Code Napoléon.

Art. 303. Il est fait défense à tout propriétaire riverain des
chemins vicinaux de faire aucune plantation sur le sol de ces
chemins.

Art. 304. Les plantations faites par des particuliers sur le sol
des chemins vicinaux avant la publication du présent règlement

pourront être conservées, si les besoins de la circulation le permettent, mais elles ne pourront, dans aucun cas, être renouvelées. ·

Art. 305. Si l'intérêt de la viabilité exigeait la destruction des plantations existant sur le sol des chemins vicinaux, les propriétaires seraient mis en demeure d'enlever, dans le délai d'un mois, les arbres qui leur appartiendraient, sauf à eux à faire valoir le droit qu'ils croiraient avoir à une indemnité.

Dans le cas ou les particuliers, mis en demeure, n'auraient pas obtempéré, dans le délai fixé, à l'injonction qui leur a été faite, l'abatage des arbres sera fait d'office et à leurs frais. Ces frais seront prélevés sur le produit de la vente des arbres, qui sera versé provisoirement dans la caisse municipale et tenu à la disposition du propriétaire.

· Art. 306. Les communes qui en feront la demande pourront être autorisées par nous à faire des plantations sur le sol des chemins vicinaux.

Les conditions auxquelles ces plantations seront faites, l'espacement des arbres entre eux, ainsi que la distance à observer entre les plantations et les propriétés riveraines seront déterminées par nous dans notre arrêté d'autorisation.

SECTION II. — *Plantation de haies.*

Art. 307. A dater de la publication du présent règlement, les propriétaires riverains de chemins vicinaux ne pourront faire aucune plantation de haies le long de ces chemins, sans, au préalable, avoir demandé et obtenu alignement.

Il est fait exception à cette obligation, pour les haies que les propriétaires se proposeraient de planter sur leurs terrains à plus de deux mètres du bord des fossés ou de la limite légale des chemins.

Art. 308. Les alignements pour plantations de haies seront donnés par les maires, pour les chemins vicinaux de petite communication ;

Et par les sous-préfets pour les chemins vicinaux de grande communication.

Art. 309. Les haies vives ne pourront être plantées à moins de 50 centimètres de la crête extérieure des chemins s'il n'y a pas de fossés.

Art. 310. La hauteur des haies ne devra jamais excéder 1 m. 75 c., sauf les exceptions exigées par des circonstances particulières et pour lesquelles il sera donné des autorisations spéciales.

Art. 311. Il est interdit de laisser croître dans les haies qui bordent les chemins vicinaux aucun baliveau ou grands arbres.

Art. 312. Les haies plantées antérieurement à la publication du présent règlement, à des distances moindres que celles prescrites par l'article 308, pourront être conservées, mais elles ne pourront être renouvelées qu'à la charge d'observer cette distance.

SECTION III. — *Élagage et recepage des arbres et des haies.*

Art. 313. Les arbres plantés le long des chemins vicinaux, soit de petite, soit de grande communication, seront élagués tous les ans, tous les deux ou tous les trois ans. Cet élagage aura lieu jusqu'à 4 mètres de hauteur, et dans tout le pourtour des arbres.

Art. 314. Les branches qui avanceraient sur le chemin, au delà des fossés, seront coupées, quelle que soit la distance à laquelle le tronc de l'arbre se trouve du chemin.

Il en sera de même des racines qui avanceraient sur le fossé.

Art. 315. Les arbres qui pencheraient sur les chemins vicinaux de manière à gêner la circulation, seront abattus et enlevés à la diligence des propriétaires ou fermiers des terrains sur lesquels ils seraient plantés.

Art. 316. Les haies plantées le long des chemins vicinaux, soit de petite, soit de grande communication, seront élaguées tous les ans.

La tonte des haies se fera tous les trois ans, de manière à les réduire à la hauteur prescrite par l'article 310 ci-dessus.

Les racines des haies seront coupées toutes les fois qu'elles avanceront soit dans les fossés, soit sur le sol des chemins.

Art. 317. Tous les ans les maires publieront, dans leurs communes respectives, un arrêté prescrivant l'élagage annuel des haies ainsi que celui des arbres qui, en vertu de l'article 313 ci-dessus, seront dans le cas d'être élagués, la tonte des haies et le recepage partout où besoin sera.

Cet arrêté fixera l'époque à laquelle ces diverses opérations devront être terminées.

Art. 318. A l'expiration du délai fixé par l'arrêté, les maires, adjoints, agents voyers et gardes champêtres feront une inspection générale des chemins vicinaux de leurs ressorts respectifs, pour constater si les dispositions prescrites par l'arrêté ont été exactement exécutées.

Art. 319. Dans le cas où ils trouveraient des arbres où des haies dont l'élagage et le recepage n'auraient pas été opérés ou ne l'auraient été qu'incomplétement, ils en dresseront procès-verbal.

Art. 320. Ce procès-verbal sera notifié aux propriétaires retardataires, avec injonction d'avoir à procéder à l'élagage et au recepage dans la huitaine, et déclaration que, faute de ce faire, il y sera pourvu d'office et à leurs frais.

Si, dans le délai fixé, il n'a pas été satisfait à cette injonction, les maires, pour les chemins vicinaux de petite communication, et les sous-préfets, pour les chemins vicinaux de grande communication, commettront des ouvriers de leur choix pour faire l'élagage et le recepage aux dépens des propriétaires.

Ils rédigeront, en même temps, procès-verbal de la contravention, et le déféreront au tribunal de police, pour, le contrevenant, y être condamné à l'amende encourue et aux frais de l'exécution des travaux.

Chapitre III. — *Fossés et talus.*

Section 1re. — *Établissement et conservation de fossés dépendant du chemin.*

Art. 321. — Dans toutes les localités où les chemins vicinaux, soit de petite, soit de grande communication, seront établis au niveau du terrain naturel ou en déblai, ces chemins seront bordés de fossés qui en feront partie intégrante.

La largeur et la profondeur de ces fossés sont réglées d'après les besoins du maintien de la viabilité; toutefois, ces dimensions

sont fixées en minimum, à 50 mètres d'ouverture en gueule, et
25 centimètres au fond ; les talus des fossés seront à l'angle de
quarante-cinq degrés, autant que faire se pourra.

Art. 322. Les frais d'établissement des fossés creusés par les
ordres de l'administration font partie des dépenses des chemins
vicinaux, dont ces fossés sont une dépendance, et seront soldés
sur les ressources affectées aux travaux de ces chemins.

Art. 323. — Les fossés établis par l'administration le long des
chemins vicinaux, soit de petite, soit de grande communication,
seront curés tous les ans au moins, et plus souvent, si la nécessité en est reconnue. Ce curage sera effectué sur les ordres des
maires pour ceux qui bordent les chemins vicinaux de petite
communication, et d'après nos instructions pour ceux qui bordent les chemins vicinaux de grande communication.

Art. 324. Les frais de curage des fossés dépendant des chemins
vicinaux font partie des dépenses des chemins vicinaux, dont ces
fossés sont une dépendance, et seront soldés sur les ressources
affectées aux travaux de ces chemins.

Si les fossés étaient une propriété mitoyenne entre la commune et les riverains, le curage serait exécuté à frais communs entre ces derniers et l'administration.

Art. 325. Les déblais provenant du curage des fossés dépendant des chemins vicinaux pourront être, au besoin, déposés sur
les propriétés riveraines. Lorsque ces déblais seront de nature à
nuire, et lorsqu'il y aura réclamation, il sera statué comme en
matière d'occupation temporaire de terrain.

Toutefois, les déblais provenant des fossés ne pourront jamais
être déposés sur les propriétés riveraines qu'après l'enlèvement
des récoltes.

Art. 326. Les propriétaires qui voudront profiter, comme en-
grais, du limon déposé dans les fossés dépendant des chemins
vicinaux, pourront obtenir l'autorisation de l'enlever, mais sous
la condition expresse de curer les fossés à vif-fond, vif-bord, de
les entretenir dans leur profondeur et largeur légales.

Ces autorisations seront données par les maires pour les fossés
dépendant des chemins vicinaux de petite communication, et par

les sous-préfets pour ceux dépendant des chemins vicinaux de grande communication.

Après le curage ainsi fait, les maires, pour les chemins vicinaux de petite communication, et les agents voyers, pour les chemins vicinaux de grande communication, devront reconnaître si les propriétaires qui l'ont effectué ont observé les conditions prescrites, et rédigeront, s'il y a lieu, procès-verbal des contraventions commises.

Art. 327. Nul ne pourra, sous aucun prétexte, traverser les fossés avec voitures ou charrettes pour le service de ses propriétés.

Il est également interdit de combler les fossés pour donner passage aux voitures.

Art. 328. Les propriétaires riverains pourront, pour communiquer avec leurs propriétés, être autorisés à établir, sur les fossés, des ponceaux permanents ou temporaires ; ils seront tenus de les disposer de telle sorte que les eaux conservent le débouché qui leur est nécessaire, et les fossés ainsi que la voie publique toute leur largeur.

Art. 329. Les ponts et ponceaux permanents ne pourront être établis que sur l'autorisation des maires pour les fossés dépendant des chemins vicinaux de petite communication, et sur la nôtre pour les fossés dépendant des chemins vicinaux de grande communication.

Les autorisations règleront le mode de conservation, les dimensions à donner aux ouvrages et les matériaux à employer ; elles stipuleront toujours la charge de l'entretien perpétuel par l'impétrant.

Art. 330. Toute œuvre qui tendrait à rétrécir ou à supprimer les fossés dépendant des chemins vicinaux est formellement interdite ; elle serait considérée comme une usurpation sur le sol de ces chemins, constatée et poursuivie de la même manière.

Art. 331. Il est interdit de détériorer les berges des fossés, de cultiver le fonds ou les talus de ces fossés, ou d'y faire ou laisser pâturer des bestiaux, de quelque espèce qu'ils soient.

Les herbes qui croîtront spontanément dans les fossés seront la propriété des communes, et pourront être vendues à leur profit, mais sous la condition qu'elles seront coupées à la main.

Art. 332. Il est interdit de mettre rouir le chanvre dans les fossés dépendant des chemins vicinaux, d'y déposer des fumiers, terres, matériaux et autres objets de nature à les combler ou à empêcher le libre cours des eaux dans ces fossés.

Art. 333. Nul ne pourra, sans y avoir été autorisé, établir des barrages ou écluses sur les fossés dépendant des chemins vicinaux.

Les autorisations seront données par les maires pour les chemins vicinaux de petite communication, et par nous pour les chemins vicinaux de grande communication. Elles seront toujours révocables, sans indemnité, s'il était reconnu que la faculté accordée fût nuisible à la viabilité.

Art. 334. Nulle construction, le long d'un chemin vicinal bordé de fossés, ne sera autorisée qu'à la charge d'établir à la place du fossé soit un aqueduc ayant un débouché suffisant pour l'écoulement des eaux, soit des caniveaux pavés.

SECTION II. — *Fossés appartenant à des particuliers.*

Art. 335. Lorsque l'administration n'aura pas fait ouvrir des fossés le long d'un chemin vicinal, et qu'elle n'aura pas l'intention d'en ouvrir, les propriétaires riverains pourront faire ouvrir des fossés à leurs frais et sur leurs terrains.

Art. 336. Tout propriétaire qui voudra faire ouvrir des fossés sur son terrain devra demander alignement au maire pour les chemins vicinaux de petite communication, et au sous-préfet pour les chemins vicinaux de grande communication.

Ces fossés ne pourront jamais être ouverts à moins de 50 centimètres de la limite légale du chemin ou du talus, afin de prévenir tout éboulement du sol du chemin ; ils doivent avoir un talus d'un mètre de base au moins pour un mètre de hauteur.

Art. 337. Tout propriétaire qui aura fait ouvrir des fossés sur son terrain, le long d'un chemin vicinal, devra curer ces fossés, à ses frais, lorsque besoin sera, et de manière à empêcher que les eaux qui y séjourneraient ne nuisent au maintien de la viabilité du chemin.

Art. 338. Si les fossés ouverts par des particuliers, sur leur terrain, le long d'un chemin vicinal, avaient une profondeur telle qu'elle pût présenter des dangers pour les hommes ou pour les moyens de transport circulant sur ce chemin, les propriétaires de ces fossés seront tenus de les garnir de murs ou de barrières assez fortes pour prévenir tout danger ; injonction leur sera faite, à cet effet, par arrêté du maire de la commune, et faute par eux d'y obtempérer, ils seront traduits devant le tribunal de simple police

SECTION III. — *Talus.*

Art. 339. Lorsque les chemins vicinaux seront construits soit en déblai, soit en remblai, le sol constituant la largeur légale de ces chemins comprendra le terrain nécessaire à l'établissement des talus, qui feront, en conséquence, partie intégrante des chemins.

Art. 340. Toute œuvre qui aurait pour effet d'anticiper sur les talus des chemins vicinaux sera considérée comme une usurpation sur le sol de ces chemins, constatée et poursuivie de la même manière.

Art. 341. Il est interdit de dégrader les talus des chemins vicinaux ou d'y faire ou laisser pâturer les bestiaux, de quelque espèce qu'ils soient.

Les herbes qui croîtront spontanément sur les talus seront la propriété des communes, et pourront être vendues à leur profit, mais sous la condition qu'elles seront coupées à la main.

CHAPITRE IV. — *Ecoulement des eaux.*

SECTION Ire. — *Écoulement naturel des eaux.*

Art. 342. Les propriétés riveraines situées en contre-bas des chemins vicinaux sont assujetties, aux termes de l'article 640 du Code Napoléon, à recevoir les eaux qui découlent naturellement de ces chemins.

Les propriétaires de ces terrains ne pourront y faire aucune œuvre qui tende à empêcher le libre écoulement des eaux qu'ils sont tenus de recevoir, à les faire séjourner dans les fossés ou refluer sur le sol du chemin.

Art. 343. Les maires, en donnant les autorisations de construire ou reconstruire le long des chemins vicinaux, devront stipuler les réserves et conditions nécessaires pour garantir le libre écoulement des eaux, sans qu'il en puisse résulter de dommage pour ces chemins.

SECTION II. — *Dérivation des eaux.*

Art. 344. Lorsque les eaux qui découlent d'un chemin vicinal n'auront pas naturellement un écoulement suffisant, il pourra être établi des puits perdus de distance en distance.

L'établissement de ces puits aura lieu, autant que possible, en vertu d'accords à l'amiable avec les propriétaires des terrains sur lesquels ils devront être établis. Si le consentement de ces propriétaires ne peut être obtenu, il sera procédé à l'occupation des terrains, conformément à l'article 16 de la loi du 21 mai 1836.

Art. 345. Lorsque, pour empêcher les eaux de séjourner sur les chemins vicinaux et de nuire à leur viabilité, il y aura nécessité de les diriger par des rigoles ou des pentes artificielles sur des propriétés qui ne sont pas naturellement obligées de les recevoir, les maires devront, avant de les y faire passer, s'entendre avec les propriétaires pour régler à l'amiable l'indemnité qui pourrait leur être due. Si le consentement de ces propriétaires ne pouvait être obtenu, il serait procédé ainsi qu'il est dit à l'article précédent.

Art. 346. Lorsqu'un propriétaire demandera à conduire des eaux d'un côté à l'autre d'un chemin vicinal, cette autorisation pourra lui être accordée, à la charge d'établir, dans toute la largeur du chemin, un aqueduc en maçonnerie, qui devra être construit suivant les indications qui seront données dans l'arrêté d'autorisation.

Ces autorisations seront données par les maires, pour les chemins vicinaux de petite communication, et par nous pour les chemins vicinaux de grande communication.

Art. 347. L'autorisation de transporter les eaux d'un côté à l'autre d'un chemin vicinal ne sera donnée que sous la réserve du droit des tiers. Il y sera toujours stipulé, pour l'administration, la faculté de faire supprimer les constructions faites, si elles étaient mal entretenues, ou si elles devenaient nuisibles à la viabilité du chemin.

CHAPITRE V. — *Extraction de matériaux et occupation temporaire de-terrains.*

SECTION Ire. — *Désignation des terrains.*

Art. 348. Les devis qui sont rédigés pour la construction ou la réparation des chemins vicinaux indiqueront les carrières ou les propriétés où devra avoir lieu l'extraction des matériaux nécessaires auxdits travaux.

Art. 349. Dans le cas où, pendant le cours des travaux, il deviendrait nécessaire de désigner des terrains autres que ceux indiqués aux devis, cette désignation sera faite par nous, sur la proposition du maire et du sous-préfet, pour les chemins vicinaux de petite communication, sur celle de l'agent voyer et du sous-préfet pour les chemins vicinaux de grande communication.

Art. 350. Les propriétés communales et le lit des rivières et ruisseaux non navigables seront choisis de préférence pour l'extraction des matériaux. A défaut seulement, les extractions pourront avoir lieu sur les propriétés particulières non fermées de murs ou autres clôtures équivalentes, d'après les usages du pays.

Les lieux plantés en bois, arbres fruitiers et vignes, seront exceptés, autant que possible.

Les propriétés particulières fermées de murs ou autres clôtures équivalentes et attenantes à une habitation ne pourront être désignées que sur le consentement formel et préalable des propriétaires.

Les cailloux ou pierres roulantes ne pourront être ramassés à la surface des terres labourables, à partir du moment de leur ensemencement jusqu'à celui de l'enlèvement des récoltes.

SECTION II. — *Occupation des terrains par convention amiable.*

Art. 351. Lorsqu'il sera nécessaire d'occuper temporairement des terrains, soit pour extraction ou transport de matériaux, soit pour enlèvement ou dépôt de terres, ou pour toute autre cause relative au service des chemins vicinaux, le maire de la commune demandera d'abord le consentement du propriétaire à l'occupation sans indemnité.

Art. 352. Si le propriétaire ne consent à l'occupation que moyennant indemnité, le taux de cette indemnité sera, pour les chemins vicinaux de petite communication, réglé à l'amiable, autant que possible entre le maire et les propriétaires. Les conventions souscrites à ce sujet, seront soumises à l'approbation du conseil municipal, et la délibération intervenue sera homologuée par nous.

Lorsque l'occupation devra avoir lieu pour le service des chemins vicinaux de grande communication, l'accord à l'amiable conclu par le maire et les propriétaires sera approuvé par nous, sur le rapport de l'agent voyer et du sous-préfet.

SECTION III. — *Occupation d'office des terrains.*

Art. 353. Lorsque le propriétaire d'un terrain dont l'occupation aura été reconnue nécessaire aura refusé, soit de consentir à cette occupation, soit d'acquiescer aux offres d'indemnité qui lui auront été faites par le maire, un arrêté sera pris par nous pour autoriser l'occupation.

Cet arrêté contiendra mise en demeure du propriétaire de désigner un expert dans un délai qui ne pourra excéder quinze jours, à partir de la notification de cet acte.

Art. 354. L'arrêté mentionné en l'article précédent sera notifié par l'intermédiaire du maire et sans frais aux parties intéressées, propriétaires, locataires ou fermiers, dix jours au moins avant l'ouverture des travaux, et la notification sera constatée, par un reçu des parties ou par un procès-verbal de l'agent chargé de la notification. Une copie de ce procès-verbal sera laissée au domicile de la partie intéressée, et la minute déposée à la mairie.

Art. 355. Le délai entre la notification et l'ouverture des travaux sera augmenté d'un jour lorsqu'il y aura trois myriamètres de distance entre la situation des lieux et le domicile desdits propriétaires, locataires ou fermiers. Il sera augmenté de deux jours lorsque la distance sera de six myriamètres, et ainsi de suite.

Art. 356. Immédiatement après l'extraction des matériaux ou l'occupation temporaire des terrains, les experts, nommés dans la forme voulue par l'article 17 de la loi du 21 mai 1836, procèderont contradictoirement à l'appréciation des dommages causés.

Art. 357. Les experts devront, préalablement à toute opération, prêter serment devant le conseil de préfecture pour l'arrondissement chef-lieu, et devant le sous-préfet pour les autres arrondissements.

Art. 358. Si le propriétaire, locataire ou fermier avait refusé ou négligé de nommer son expert, il nous en serait rendu compte et nous provoquerions, près le conseil de préfecture, la nomination d'office d'un expert dans l'intérêt du propriétaire.

Art. 359. Les experts rédigeront procès-verbal de l'appréciation des dommages, et indiqueront le taux de l'indemnité qui leur paraîtra être due.

S'ils ne sont pas d'accord entre eux, il nous en sera rendu compte, et nous provoquerons la nomination d'un tiers expert, qui devra également prêter serment.

Art. 360. Les procès-verbaux d'appréciation des dommages nous seront transmis par l'intermédiaire du sous-préfet de l'arrondissement, et il sera statué sur le règlement de l'indemnité, par le conseil de préfecture.

Art. 361. Les frais d'expertise seront taxés par le conseil de préfecture, sur mémoire des experts, en double minute, dont une sera écrite sur papier timbré.

Art. 362. La décision du conseil de préfecture fixant l'indemnité due pour l'occupation temporaire du terrain ou l'extraction de matériaux sera notifiée administrativement aux parties intéressées. Cette notification sera constatée, soit par un reçu des personnes auxquelles elle sera faite, soit par un procès-verbal de l'agent chargé de l'effectuer.

Art. 363. Les indemnités réglées, ainsi qu'il vient d'être dit, seront payées par les entrepreneurs de travaux, lorsque les cahiers des charges le détermineront ainsi.

Elles le seront par les communes, lorsque les travaux se feront sur des chemins vicinaux de petite communication, soit par des prestataires, soit par régie ou par tâches.

Elles seront acquittées sur nos mandats, et sur les fonds affectés aux travaux, lorsqu'il s'agira de chemins vicinaux de grande communication.

Art. 364. Lorsque le payement des indemnités aura été mis à la charge de l'entrepreneur des travaux, il sera fait une retenue à cet entrepreneur pour garantie des sommes dues aux propriétaires et autres intéressés. Cette retenue cessera sur la justification que fera l'entrepreneur du payement des indemnités convenues ou réglées; elle cessera également par le fait de la prescription prononcée par l'article 18 de la loi du 21 mai 1836.

SECTION IV. — *Dispositions diverses.*

Art. 365. A l'expiration des délais fixés en l'article 354 ci-dessus, et après la reconnaissance préalable des lieux, les propriétaires, locataires ou fermiers ne pourront, sous quelque prétexte que ce soit, apporter aucun trouble ou empêchement à l'occupation des terrains, au ramassage ou à l'extraction des matériaux.

Tout trouble ou empêchement à ces travaux serait constaté par procès-verbal, qui serait transmis à M. le procureur impérial pour y être donné telle suite que de droit.

Art. 366. Les maires et agents voyers ne feront aucune désignation de carrières à ouvrir à moins de quinze mètres du bord des chemins vicinaux, et feront défense aux entrepreneurs de pousser leurs fouilles à de moindres distances.

Il serait dressé procès-verbal contre les entrepreneurs qui contreviendraient à cette défense.

Art. 367. Il est interdit aux entrepreneurs d'employer les matériaux qu'ils auront extraits, en vertu des dispositions du présent chapitre, à des travaux et sur des lieux autres que ceux désignés dans l'arrêté qui en aura autorisé l'extraction.

Art. 368. Les fouilles abandonnées devront être comblées immédiatement, de manière à permettre l'ensemencement des terrains.

Art. 369. Lorsqu'il sera nécessaire de faire opérer des extractions de matériaux dans les bois et forêts régis par l'administration des forêts, ou de faire occuper temporairement des terrains dépendant de ces bois, il sera procédé conformément aux dispositions de l'ordonnance royale du 8 août 1845.

Si les terrains à occuper ou à fouiller dépendent de propriétés régies par l'administration des domaines, des mesures analogues seront concertées avec les agents de cette administration.

CHAPITRE VI. — *Chemins vicinaux situés sur des chaussées d'usines ou traversés par des canaux faits de main d'homme.*

Art. 370. Les propriétaires d'étangs, dont les chaussées occupent le même emplacement que les chemins vicinaux, seront tenus à la réparation de tous les dégâts causés par le mouvement et l'infiltration des eaux de l'étang, de manière à ce que la largeur légale des chemins ne soit jamais diminuée du côté de l'étang.

Art. 371. Si un chemin vicinal est traversé par un canal de moulin ou d'usine creusé de main d'homme, ou par un courant d'eau dévié par des travaux artificiels, les ponts à établir ou à réparer seront à la charge du propriétaire de l'usine ou de l'auteur des travaux.

CHAPITRE VII.— *Mesures de police et de conservation.*

SECTION Ire. — *Mesures ayant pour objet la conservation des chemins.*

Art. 372 Il est défendu :

D'enlever du gravier, du sable, de la terre ou du gazon sur les chemins vicinaux ou dans les fossés qui en dépendent ;

De faire sur les chemins vicinaux ou dans les fossés aucun dépôt de pierres, terres, décombres ou autres matériaux, sauf le cas de nécessité absolue ;

D'y jeter les pierres provenant de l'épierrement des champs voisins ;

D'y laisser stationner aucune voiture, instruments aratoires marchandises ou autres choses encombrantes, de manière à gêner la circulation ;

De mutiler les arbres plantés sur les chemins vicinaux, de dégrader les bornes, parapets des ponts et autres ouvrages ;

De dépaver les chemins vicinaux qui seraient pavés en tout ou en partie ;

D'enlever aucune pierre, non plus que les fers, bois et autres matériaux destinés aux travaux desdits chemins ou déjà mis en œuvre ;

De faire aucune tranchée ou ouverture quelconque dans la chaussée, les accotements, revers ou glacis des chemins vicinaux, pour quelque motif que ce soit, sans en avoir demandé et obtenu l'autorisation ;

De déverser sur les chemins vicinaux ou dans les fossés des eaux d'irrigation ou provenant des usines et fabriques, ni même les eaux pluviales ou ménagères, de manière à causer des dégradations aux chemins ou fossés ;

De parcourir les chemins vicinaux avec une charrue dont le fer ne serait pas relevé ;

De détériorer les berges, talus ou autres marques distinctives de la largeur des chemins vicinaux ;

D'établir des fumiers sur le sol des chemins, ou d'y étendre, pour la faire macérer ou briser, aucune espèce de litière, paille, ajoncs, feuilles, lavande, bois, etc. ;

De labourer le sol des chemins vicinaux dans la largeur comprise entre les fossés, ou, à défaut de fossés, dans la largeur attribuée au chemin par les arrêtés de classement ;

De faire ou de laisser paître sur les chemins vicinaux aucune espèce d'animaux, soit sous la garde d'un pâtre, soit même à la longue ou en laisse.

Art. 373. Les propriétaires des terraies supérieurs bordant les chemins vicinaux seront tenus d'empêcher leur éboulement sur lesdits chemins ou dans les fossés, et d'entretenir toujours en bon état les murs de soutènement ou de clôture de leurs possessions, de manière que ni les chemins ni les fossés ne soient embarrassés.

Art. 374. Si la circulation sur un chemin vicinal venait à être interceptée par une œuvre quelconque, le maire y pourvoirait d'urgence.

En conséquence, après une simple sommation administrative de faire disparaître l'œuvre faisant obstacle à la circulation, le maire ferait, d'office, détruire les travaux et rétablir les lieux dans leur ancien état, aux frais et risques de qui il appartiendra et sans préjudice des poursuites à exercer contre qui de droit.

SECTION II. — *Mesures ayant pour objet la sûreté des voyageurs.*

Art. 375. Il est interdit de pratiquer, dans le voisinage des chemins vicinaux, des excavations de quelque nature que ce soit, si ce n'est aux distances ci-après déterminées, à partir de la crête extérieure des fossés, ou, à défaut des fossés, à partir de la limite légale desdits chemins, savoir .

Pour les carrières, marnières et galeries souterraines ..	15^m
Les puits et citernes...............................	10
Les argilières, sablonnières et excavations du même genre, à ciel ouvert	3
Mares publiques et particulières....................	3
Caves et fossés particuliers........................	1

Les maires pourront, en outre imposer au propriétaire de ces excavations l'obligation de les couvrir ou de les entourer, selon les cas, de clôture propres à prévenir tout danger pour les voyageurs.

Art. 376. En aucun cas, les maires ne pourront autoriser l'établissement de caves sous la voie publique.

Art. 377. Il est interdit d'établir des moulins à vent ou tout autre établissement mû par le vent à une distance moindre de 25 mètres des abords des chemins vicinaux.

Art. 378. Les maires veilleront à la solidité des constructions bordant les chemins vicinaux, et prendront les mesures nécessaires pour sauvegarder la sécurité des passants.

Art. 379. Des tableaux indicateurs seront placés aux intersections des chemins vicinaux de grande communication, soit entre eux, soit avec les routes impériales ou départementales, lorsque les points d'intersection seront en dehors des lieux habités.

Art. 380. Des poteaux indicateurs seront placés sur les murs des maisons à l'entrée et à la sortie des villes, bourgs et villages.

Art. 381. La dépense relative à l'établissement des poteaux et des tableaux indicateurs sera faite sur les fonds affectés aux travaux.

CHAPITRE VIII. — *Poursuite et répression des contraventions.*

SECTION 1re. — *Contraventions dont la répression appartient au conseil de préfecture.*

Art. 382. Toute anticipation sur le sol des chemins vicinaux ou des fossés, berges ou talus qui en dépendent, de quelque manière qu'elle ait été commise, sera constatée par les maires, adjoints, commissaires de police, agents voyers et gardes champêtres.

Art. 383. Les procès-verbaux rédigés par les fonctionnaires et agents désignés par l'article précédent devront être soumis au timbre et à l'enregistrement, en débet, dans les quatre jours de leur rédaction; ceux rédigés par les gardes champêtres devront, préalablement, être affirmés dans la forme ordinaire et dans les vingt-quatre heures de leur rédaction.

Art. 384. Tout procès-verbal constatant une anticipation sur le sol d'un chemin vicinal, ou des fossés, berges ou talus qui en dépendent, sera, par les soins du maire de la commune, notifié administrativement au contrevenant, avec injonction de restituer, sous huitaine, le sol anticipé.

Si, à l'expiration de la huitaine, cette restitution n'a pas eu lieu, cette circonstance sera mentionnée au procès-verbal primitivement rédigé, et ce procès-verbal nous sera immédiatement transmis par l'intermédiaire du sous-préfet, pour y être statué par le conseil de préfecture, conformément à l'article 8 de la loi du 9 ventôse an XIII.

Art. 385. Lorsqu'un arrêté du conseil de préfecture portera injonction de restituer le sol qu'il avait anticipé, cet arrêté pourra, pour éviter les frais, être notifié administrativement au contrevenant, sous la condition que ce dernier déclarera, par écrit, avoir reçu cette notification et la tenir pour suffisante.

Dans le cas où cette déclaration ne serait par immédiatement donnée, le maire ferait notifier l'arrêté par huissier.

Art. 386. Si, à l'expiration des trois jours qui suivront la notification, faite administrativement ou par ministère d'huissier, de l'arrêté du conseil de préfecture, le contrevenant n'avait pas obéi aux injonctions de cet arrêté, le maire y pourvoirait d'office, et ferait procéder à la reprise des terrains indûment occupés ainsi qu'à la destruction des œuvres condamnées par ledit arrêté.

Toutefois, s'il s'agissait de la destruction de bâtiments ou autres constructions, et que le contrevenant notifiât son intention de se pourvoir devant l'Empereur en son conseil d'Etat contre l'arrêté du conseil de préfecture, et encore s'il n'y avait pas une extrême urgence à l'exécution immédiate de cet arrêté, le maire pourrait surseoir à cette exécution jusqu'à ce qu'il ait été statué sur le pourvoi.

Il nous serait rendu compte de tout sursis ainsi accordé, afin que nous puissions, au besoin, donner les instructions nécessaires.

Art. 387. Lorsque l'arrêté du conseil de préfecture à l'égard duquel il y aura eu pourvoi sera confirmé par le décret impérial à intervenir, le maire veillera à ce que cet arrêté reçoive aussitôt son exécution.

Art. 388. Lorsqu'une anticipation sur le sol d'un chemin vicinal ou des fossés, berges et talus qui en dépendent, aura été déclarée constante et réprimée par le conseil de préfecture, le procès-verbal constatant cette contravention sera ensuite déféré au tribunal de simple police, pour y être requis l'application, s'il y a lieu, de l'amende prononcée par l'art. 479, n° 11, du Code pénal.

SECTION II. — *Contraventions dont la répression appartient à l'autorité judiciaire.*

Art. 389. Toutes contraventions aux dispositions du présent règlement, autres que l'anticipation du sol des chemins vicinaux et des fossés, berges ou talus qui en dépendent, seront constatées par procès-verbaux des fonctionnaires et agents énumérés en l'article 382 ci-dessus, et de tous autres ayant qualité pour rédiger procès-verbal.

Les dispositions de l'article 383 ci-dessus sont applicables à ces procès-verbaux.

Art. 390. Tout procès-verbal constatant une contravention au présent règlement autre qu'une anticipation, sera, après enregistrement et après affirmation, s'il y a lieu, transmis par le fonctionnaire qui l'a rédigé, soit au procureur impérial de l'arrondissement, soit au fonctionnaire remplissant les fonctions du ministère public près le tribunal de simple police du canton, selon que le fait constaté constituera un délit ou une simple contravention.

DISPOSITIONS FINALES.

Art. 391. MM. les sous-préfets, maires, adjoints, commissaires de police, directeurs et contrôleurs des contributions directes, percepteurs-receveurs municipaux, agents voyers et gardes champêtres, sont chargés, chacun en ce qui le concerne, de l'exécution du présent Arrêté réglementaire, qui sera inséré au recueil des actes administratifs de la préfecture et publié dans toutes les communes du département, aussitôt après son approbation, par M. le ministre de l'intérieur.

Fait à Ajaccio, le 28 août 1854.

C. THUILLIER.

Vu et approuvé.

Paris, le 23 octobre 1854.

Le ministre secrétaire d'État au département de l'intérieur,

BILLAULT.

BASTIA. — IMPRIMERIE FABIANI.